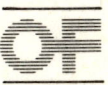

Carl Dahlhaus

Richard Wagners Musikdramen

© 1. Auflage Friedrich Verlag Velber 1971
© 2. überarbeitete Auflage
Orell Füssli Verlag Zürich und Schwäbisch Hall 1985
Gesamtherstellung: Wiener Verlag
Printed in Austria
ISBN 3 280 01588 X

Inhalt

Einleitung

Die Wagner-Literatur, die sich ins Unabsehbare erstreckt, ist durch Nicht-Musiker, durch Nietzsche, Carl Friedrich Glasenapp, den unterwürfig pedantischen Biographen, und Hans von Wolzogen, von dem der Begriff des Leitmotivs stammt, geprägt worden, um von Houston Stewart Chamberlain zu schweigen. Und die Zusammensetzung aus weitgespannter geschichtsphilosophischer Spekulation, unersättlicher und rücksichtsloser Lust am Biographischen und einer seltsamen Genügsamkeit im Musikalischen, deren Ehrgeiz über das Etikettieren von Leitmotiven kaum hinausreichte, ist jahrzehntelang für sie charakteristisch geblieben. Der Ton war emphatisch oder aber gereizt. Und noch heute tendiert, wer über Wagner schreibt, zu den Extremen: zur Polemik oder zur Apologie. (Es mag genügen, an die Bücher von Theodor W. Adorno einerseits, von Curt von Westernhagen andererseits zu erinnern.) Doch scheint es, als breite sich allmählich, nach dem Zusammenbruch der falschen und verhängnisvollen Wagner-Apotheose unter der Herrschaft des Nationalsozialismus, das Gefühl aus, daß Wagners Werk, obwohl es als Kunstgebilde in die Gegenwart hereinragt, als geistig-politisches Ereignis ein Stück Geschichte, ein Gegenstand historisch distanzierten Bewußtseins ist. Man begegnet Wagner mit Nüchternheit, ohne daß der musikalische Enthusiasmus dadurch geschmälert würde. Auch ist der Streit über Wagner – ein Streit, der zu verworren ist, als daß er zu schlichten wäre, der also nur abgebrochen und vergessen werden kann – offenbar dadurch in den Hintergrund gerückt, daß an der Stelle von Wagner die Regisseure seiner Werke, Wieland Wagner oder Patrice Chéreau, die Aggressionen auf sich ziehen.

Nicht zufällig überwuchert in der Wagner-Literatur das biographische Moment. Wagner hat sich immer wieder gedrängt gefühlt, Autobiographisches zu schreiben, sei es in der Form der Skizze oder des weit ausgreifenden Buches. Und sofern die Voraussetzung für die Entstehung eines Buches weniger die Wirklichkeit, von der es handelt, als ein früheres Buch über diese Wirklichkeit bildet, ist es nicht erstaunlich, daß Historiker und Publizisten durch Wagners Autobiographien zur Fortsetzung, Ergänzung und Korrektur, vor allem aber zur Repetition herausgefordert wurden. Wagners Leben ist so oft erzählt worden, daß es nicht mehr erzählbar ist.

Und es braucht auch, obwohl Martin Gregor-Dellin das nahezu Unmögliche fast geglückt ist, eigentlich nicht erzählt zu werden. Denn nichts wäre falscher, als in Wagners Musik das tönende Abbild der Biografie zu sehen. Wagner selbst wandte sich, so besorgt er um die authentische Darstellung seines Lebens war, in der Beethoven-Abhandlung von 1870 gegen das gewohnte Verfahren, musikalische Werke aus biographischen Voraussetzungen abzuleiten. Er leugnete, daß die Beziehung der Eroica zu Napoleon über die Musik auch nur das Geringste besage. Die naive Hermeneutik des neunzehnten Jahrhunderts, die in expressiver Musik nach den Seelenregungen und Erlebnissen des Komponisten suchte, die Überzeugung also, daß man die Biographie eines Autors kennen müsse, um die Werke zu verstehen, hat jedenfalls in Wagners Ästhetik keine Stütze. Paul Bekker hat, nicht ohne partielles Recht, in seinem Wagner-Buch von 1924 sogar versucht, gerade umgekehrt das Leben aus dem Werk zu erklären: Das musikalische Drama, der Plan, der zur Verwirklichung drängte, habe die biographischen Ereignisse herbeigezogen, die notwendig waren, um der Skizze, dem Vorgefühl oder der vagen Idee eines Werkes Leben und Farbe zu verleihen. TRISTAN UND ISOLDE sei nicht Ausdruck und Reflex der Liebe zu Mathilde Wesendonck, sondern die Liebe zu Mathilde Wesendonck ein Mittel, um die dramatische Konzeption musikalisch-szenisch Gestalt werden zu lassen. Und man kann Bekker zugestehen, daß für Wagner, der gegen sich selbst so rücksichtslos wie gegen andere war, nichts zählte außer dem Werk. Das Leben war bloßer Stoff, der aufgezehrt wurde.

Wagners Anfänge, die tastende Versuche waren, unterschieden sich in nichts von denen des typischen komponierenden Kapellmeisters, der dort, wo er engagiert war, nach lokalem Ruhm trachtete. Die frühen Opern sind von der stilistischen Unsicherheit, dem verlegenen Eklektizismus der 1830er Jahre geprägt. DIE FEEN (nach einem Märchen von Gozzi) waren eine «romantische Oper» in der Tradition E. T. A. Hoffmanns, Webers und Marschners, wenn auch mit italienischem Einschlag. Doch war die Romantik, als das Stück entstand, weniger ein Stil, der in den herrschenden Ideen der Zeit begründet gewesen wäre, als ein Bühnengenre neben anderen: eine auswechselbare Attitüde. Und es ist nicht erstaunlich, sondern charakteristisch, daß sich Wagner bei seiner zweiten Oper, DAS LIEBESVERBOT (nach Shakespeares «Maß für Maß»), dazu entschloß, Donizetti und Auber nachzuahmen: das musikalische «juste milieu», wie Schumann es nannte. (Allerdings verzichtete Wagner nicht darauf, den Wechsel der Schreibweise mit einer Polemik gegen die deutsche Konkurrenz theoretisch zu begründen und zu rechtfertigen, als sei er ein Prinzipienwandel.)

Mit RIENZI, einer so ehrgeizigen Konzeption, wie es später erst wieder der RING war, hörte Wagner auf, sich als Lokalkomponist, als komponierender Kapellmeister, zu fühlen. RIENZI war, als große Oper im Sinne Meyerbeers und Halévys, für Paris bestimmt: Wagner war überzeugt, daß es nur auf dem Umweg über Paris, die «Hauptstadt des neunzehnten Jahrhunderts», möglich war, sämtliche deutschen Theater zu erreichen, statt auf ein einziges beschränkt zu bleiben. (Franz Lachner, Opernkapellmeister in München, bezog, wenn nicht den musikalischen Stil, so doch wenigstens das Libretto seiner Oper «Catharina Cornaro» aus Paris.) Daß Wagner es in Riga, als er an RIENZI arbeitete, verschmähte, sich als Lokalkomponist zu etablieren, trug zur Zerrüttung seiner Position bei: Die Konsequenz war die Flucht nach vorn, nach Paris. Die Grand Opéra aber verschloß sich Wagner. RIENZI wurde statt zu einem Pariser zu einem Dresdener Erfolg, der über den Ort der ersten Aufführung kaum hinausdrang. (Von Bedeutung war lediglich die Aufführung in Berlin 1847, wo das Werk ein Jahrhundert lang im Repertoire blieb.) Das Fundament von Wagners Ruhm bildeten erst TANNHÄUSER und LOHENGRIN, die in den 1850er Jahren von fast allen deutschen Opernbühnen gespielt wurden (auch von den Hoftheatern, obwohl Wagner im politischen Exil lebte). Der finanzielle Nutzen für Wagner war allerdings gering, da es ein musikalisches Urheberrecht erst in Ansätzen gab: eine Tatsache, die geeignet sein sollte, den Ton zu mildern, in dem man sich über das «Pumpgenie» Wagner entrüstet.

Die Geschichte von Wagners Ruhm ist noch nicht geschrieben worden. Es scheint jedoch, als sei es in den 1850er Jahren entscheidend gewesen, daß der Erfolg von TANNHÄUSER und LOHENGRIN, der sich zunächst zögernd, dann aber stetig ausbreitete, mit der intellektuellen Herausforderung zusammentraf, die von Wagners Schriften, DAS KUNSTWERK DER ZUKUNFT und OPER UND DRAMA, ausging. (Das Leben der Musik ist von der Literatur über Musik nicht so unabhängig, wie die Verächter der Reflexion unter den Musikern meinen.) Nicht, daß es vor Wagner an Traktaten zur Opernreform gemangelt hätte; die Unsicherheit und Schwäche der deutschen Oper bildete vielmehr einen ständigen Anreiz zu einer Reflexion, die sich bemühte, das Elend der Opernwirklichkeit in der Idee «aufzuheben». Neu aber war, daß der Eifer und Ehrgeiz des Theoretikers, der den Umsturz der Oper plante, nicht in der Abstraktion verharrte, sondern sich in Werken dokumentierte, die sich beim Publikum durchsetzten. Nichts wäre falscher, als zu vermuten, Wagner sei «verkannt» worden (wie Schubert oder Bruckner). Er begegnete zwar einer manchmal gehässigen Polemik, niemals jedoch dem bösen Schweigen des Boykotts.

Um 1860 war allerdings Wagners Lage prekär. Die älteren Werke, TANNHÄUSER und LOHENGRIN, verblaßten allmählich; die RING-Tetralogie war ein Fragment, an dessen Vollendung Wagner 1857 verzweifelte (er brach die Komposition nach dem zweiten Akt des SIEGFRIED ab), die Pariser TANNHÄUSER-Aufführung endete mit einer Katastrophe, wenn auch einer so spektakulären, daß sie Wagners Ruhm eher festigte als minderte; und TRISTAN, der eine populäre Oper werden sollte, wurde, da der Wille des Werkes sich gegen den des Autors durchsetzte, zu einer esoterischen. Erst durch den Erfolg der MEISTERSINGER 1868, einen Erfolg, der auch die bisher Widerstrebenden mitzog, und durch die Gründung von Bayreuth in den 1870er Jahren ist Wagner zum Herrscher der deutschen Musik geworden, den man schmähen konnte, dessen Bedeutung aber nicht zu leugnen war. Daß es neben ihm noch andere Komponisten deutscher Opern gab, Heinrich Dorn («Die Nibelungen») und Carl Goldmark («Die Königin von Saba»), Peter Cornelius («Der Cid») und Hermann Goetz («Der Widerspenstigen Zähmung»), ist eine Tatsache, die man – nicht zufällig – immer wieder vergißt. Im letzten Drittel des neunzehnten Jahrhunderts fiel der Begriff der deutschen Musik mit dem der Wagnerschen zusammen. Sogar Paris, die Stadt, um die Wagners Vorstellungen vom eigenen Ruhm stets kreisten, unterwarf sich schließlich.

Der Terminus «Musikdrama» ist von Wagner, der aus dem Wort die Bedeutung «Drama für Musik» heraushörte, verworfen worden. Dennoch hat er sich durchgesetzt, da Wagners eigene Bezeichnungen – *Kunstwerk der Zukunft, Wort-Ton-Drama, Handlung, Bühnenfestspiel* – als Gattungsnamen ungeeignet waren. (Wagner hat es nicht hindern können, daß das Musikdrama, das die Oper «aufheben» sollte, zu einer Gattung neben der Oper geworden ist.) Was aber ist ein Musikdrama?

Der herausfordernde Satz aus OPER UND DRAMA, daß im *Kunstwerk der Zukunft,* dem Widerpart zur heruntergekommenen Oper, das Drama *der Zweck* und die Musik *ein Mittel des Ausdruckes* sei, war nicht selten einem groben Mißverständnis ausgesetzt: dem Irrtum, daß unter *Drama* primär der Text zu verstehen sei und daß es genüge, das Wort-Ton-Verhältnis, die Abhängigkeit der Musik vom Text zu analysieren, um die Musik als *Mittel* des Dramas zu begreifen. Der Text ist jedoch im musikalischen Drama nichts als ein Teilmoment der Handlung, nicht deren Substanz, und als *Gesamtzweck* schwebte Wagner die *unbedingte, unmittelbare Darstellung der vollendeten menschlichen Natur* vor. Die in der modernen, prosaischen Gesellschaft verzerrte und fast unkenntliche *menschliche Natur* soll durch die Musik, die nach Wagner die Macht hat, an archaische Ursprünge zu erinnern, restituiert werden. Die *Darstellung* der menschlichen Natur aber, deren Mittel die Musik ist, fällt eher der szenischen Aktion als dem gesprochenen Wort zu.

Bedeutet demnach die Gleichsetzung von Drama und Text eine Verzerrung der Begriffe, so wirkt es andererseits verwirrend, daß der Zusammenhang zwischen Musik und Drama von Wagner verschieden und, wie es scheint, sogar widersprüchlich bestimmt worden ist. Die zitierte Formel aus Oper und Drama (1851), daß die Musik ein *Mittel des Ausdrucks* sei, scheint zwei Jahrzehnte später, in der Beethoven-Schrift von 1870, die durch Schopenhauers Metaphysik der Musik inspiriert ist, ins Gegenteil verkehrt zu werden. *Die Musik, welche nicht die in den Erscheinungen der Welt enthaltenen Ideen darstellt* – und schon gar nicht die Erscheinungen der Welt –, *dagegen selbst eine, und zwar eine umfassende Idee der Welt ist* – also ein Stück tönende Metaphysik –, *schließt das Drama ganz von selbst in sich, da das Drama wiederum selbst die einzige der Musik adäquate Idee der Welt ausdrückt.* Roh verkürzt: Nicht die Musik drückt das Drama aus, sondern das Drama die Musik. Und 1872, in dem Aufsatz Über die Benennung Musikdrama, ist sogar von den Dramen als *ersichtlich gewordenen Taten der Musik* die Rede.

Es ist unverkennbar, daß die Ästhetik, die Wagner in Oper und Drama entworfen hatte, einerseits durch die Schopenhauer-Lektüre seit 1854 und andererseits durch Erfahrungen bei der Komposition des Ring und des Tristan in Verwirrung geriet; das Dogma verlor seine festen Umrisse. Und zwar reicht der Zwiespalt bis in einzelne Texte hinein. In der Beethoven-Schrift, in der zunächst, wie erwähnt, die Musik als Ursprung gerühmt wird, der das Drama *ganz von selbst in sich schließt,* heißt es wenige Seiten später, daß die Musik durch das Drama *bestimmt* werde. Der Widerspruch verringert sich allerdings, wenn man berücksichtigt, daß Wagner offenbar einen zweifachen Musikbegriff voraussetzte: einen metaphysischen, den er Schopenhauer verdankte, und einen nüchtern empirischen. Daß die Musik metaphysisch als Ursprung des Dramas erscheint, schließt nicht aus, daß sie als *Erscheinung des Lebens,* wie Wagner es 1857 in dem Aufsatz Über Franz Liszts symphonische Dichtungen ausdrückte, durch das Drama *bestimmt* ist; das Drama ist das *Motiv der Formgebung,* das die Musik braucht, um sich zu realisieren.

Der fliegende Holländer

1

Die Geschichte vom Fliegenden Holländer, Stoff des Werkes, mit dem Wagner nach eigenem Zeugnis seine *Laufbahn als Dichter* begann und *die des Verfertigers von Operntexten verließ,* ist in verschiedenen Fassungen überliefert. Entscheidend für Wagner war die Version, die Heine 1834 in den «Memoiren des Herren von Schnabelewopski» der Sage gab, eine Version, die Wagner als *echt dramatisch* rühmte und in der die Motive, die er der Operndichtung zugrundelegte, fast vollständig versammelt sind.

«Die Fabel von dem Fliegenden Holländer ist euch gewiß bekannt. Es ist die Geschichte von dem verwünschten Schiffe, das nie in den Hafen gelangen kann und jetzt schon seit undenklicher Zeit auf dem Meere herumfährt ... Jenes hölzerne Gespenst, jenes grauenhafte Schiff führt seinen Namen von seinem Kapitän, einem Holländer, der einst bei allen Teufeln geschworen, daß er irgendein Vorgebirge, dessen Namen mir entfallen, trotz des heftigsten Sturms, der eben wehte, umschiffen wolle, und sollte er auch bis zum Jüngsten Tage segeln müssen. Der Teufel hat ihn beim Wort gefaßt, er muß bis zum Jüngsten Tag auf dem Meere herumirren, es sei denn, daß er durch die Treue eines Weibes erlöst werde. Der Teufel, dumm wie er ist, glaubt nicht an Weibertreue und erlaubte daher dem verwünschten Kapitän, alle sieben Jahre einmal ans Land zu steigen und zu heiraten und bei dieser Gelegenheit seine Erlösung zu betreiben. Armer Holländer! Er ist froh genug, von der Ehe selbst wieder erlöst und seine Erlöserin loszuwerden, und er begibt sich dann wieder an Bord.

Auf diese Fabel gründete sich das Stück, das ich im Theater zu Amsterdam gesehen. Es sind wieder sieben Jahre verflossen, der arme Holländer ist des endlosen Umherirrens müder als jemals, steigt ans Land, schließt Freundschaft mit einem schottischen Kaufmann, dem er begegnet, verkauft ihm Diamanten zu spottwohlfeilem Preise, und wie er hört, daß sein Kunde eine schöne Tochter besitzt, verlangt er sie zur Gemahlin. Auch dieser Handel wird abgeschlossen. Nun sehen wir das Haus des Schotten, das Mädchen erwartet den Bräutigam zagen Herzens. Sie schaut oft mit Wehmut nach einem großen verwitterten Gemälde, welches in der Stube hängt und einen schönen Mann in spanisch-niederländischer Tracht darstellt; es ist ein altes Erbstück, und nach der Aussage der Großmutter ist es ein getreues Konterfei des Fliegenden Holländers, wie man ihn vor hundert Jahren in Schottland gesehen, zur Zeit König Wilhelms von Oranien. Auch ist mit diesem Gemälde eine überlieferte Warnung verknüpft, daß die Frauen der Familie sich vor dem Originale hüten sollten. Eben deshalb hat das Mädchen von Kind auf sich die Züge des gefährlichen Mannes ins Herz geprägt. Wenn nun der wirkliche Fliegende Holländer leibhaftig hereintritt, erschrickt das Mädchen; aber nicht aus Furcht … Die Braut betrachtet ihn ernsthaft und wirft manchmal Seitenblicke nach seinem Konterfei. Es ist, als ob sie sein Geheimnis erraten habe, und wenn er nachher fragt: ‹Katharina, willst du mir treu sein?›, antwortet sie entschlossen: ‹Treu bis in den Tod›.» Die Schilderung des Theaterstücks wird unterbrochen durch die Erzählung eines Abenteuers mit einer «holländischen Messaline», die «zuweilen ihr schönes Schloß am Zuidersee verließ und inkognito nach Amsterdam und dort ins Theater ging, jedem, der ihr gefiel, Apfelsinenschalen auf den Kopf warf, zuweilen gar in Matrosenherbergen die wüsten Nächte zubrachte …» Heine erzählte also die Geschichte vom Fliegenden Holländer nicht um ihrer selbst, sondern um des ironischen Kontrasts willen; und wer die Doppelhandlung zerlegt, tut ihm ein ästhetisches Unrecht an.

«Als ich ins Theater noch einmal zurückkehrte, kam ich eben zur letzten Szene des Stücks, wo auf einer hohen Meerklippe das Weib des Fliegenden Holländers, die Frau Fliegende Holländerin, verzweiflungsvoll die Hände ringt, während auf dem Meere, auf dem Verdeck seines unheimlichen Schiffes, ihr unglücklicher Gemahl zu schauen ist. Er liebt sie und will sie verlassen, um sie nicht ins Verderben zu ziehen, und er gesteht ihr sein grauenhaftes Schicksal und den schrecklichen Fluch, der auf ihm lastet. Sie aber ruft mit lauter Stimme: ‹Ich war dir treu bis zu dieser Stunde, und ich weiß ein sicheres Mittel, wodurch ich dir meine Treue erhalte bis in den Tod!› Bei diesen Worten stürzt sich das treue Weib ins Meer, und nun ist auch die Verwünschung des Fliegenden Holländers zu Ende, er ist erlöst, und wir sehen, wie das gespenstische Schiff in den Abgrund des Meeres versinkt.»

Die Sage von dem Geisterschiff, das dazu verdammt ist, bis zum Jüngsten Gericht umherzuirren, war 1834, als Heine sie aufgriff, Jahrzehnte oder sogar Jahrhunderte alt. Aufgezeichnet wurde sie 1821. Neu in Heines Version, und entscheidend für Wagner, aber war das Motiv der Erlösung des Fliegenden Holländers durch die Treue des Weibes. Daß die Ironie, in die Heine das tragische Pathos auflöste, von Wagner gleichsam widerrufen wurde, sollte nicht beirren. Das Verfahren, Stoffe, die zur Moritat abgesunken waren, dichterisch zu nobilitieren, begegnet im 18. und 19. Jahrhundert, im Sturm und Drang und in der

Romantik, nicht selten. Tragisches wurde parodiert, aber auch umgekehrt Parodiertes ins Tragische zurückgewendet.

Ob das holländische Theaterstück, auf das sich Heine (in der Maske des Herrn von Schnabelewopski) berief, Realität oder Fiktion war, ob also das Motiv der Erlösung, das bei Wagner ins Zentrum rückte, von Heine adaptiert oder erfunden worden ist, steht nicht fest. Wagners Urteil war zwiespältig. In der ersten Fassung der AUTOBIOGRAPHISCHEN SKIZZE, die 1843 in der «Zeitung für die elegante Welt» erschien, schrieb er: *Durch die von Heine erfundene, echt dramatische Behandlung der Erlösung dieses Ahasverus des Ozeans war mir alles an die Hand gegeben, die Sage zu einem Opernsujet zu benützen. Ich verständigte mich darüber mit Heine selbst.* Später aber zweifelte er an Heines Autorschaft: *Besonders die von Heine einem holländischen Theaterstücke gleichen Titels entnommene Behandlung der Erlösung dieses Ahasverus des Ozeans gab mir alles an die Hand, diese Sage zu einem Opernsujet zu benutzen. Ich verständigte mich darüber mit Heine selbst.* Ernest Newman, der Wagner-Biograph, ist überzeugt, daß die «Verständigung» mit Heine finanzieller Natur war und daß Heine ein «Urheberrecht» in Anspruch nahm, das Wagner später als fragwürdig erkannte. Ein Dokument aber, das die Verdächtigung stützen würde, ist nicht bekannt. Und die Analyse des Heineschen Textes legt den Schluß nahe, daß das holländische Theaterstück niemals existiert hat.

Entscheidend ist, daß die Handlung, wie sie Heine erzählt, trotz der Unterbrechung vollständig ist; das Treueversprechen Katharinas und der Entschluß des Holländers, die «Frau Fliegende Holländer» zu verlassen, «um sie nicht ins Verderben zu ziehen», schließen bruchlos aneinander an. Der Schein einer Kette vermittelnder Ereignisse, die Herr von Schnabelewopski versäumte, ist eine Täuschung. Allerdings ist eine Handlung, die aus nichts als Exposition und abrupter Katastrophe besteht, eher ein Balladen- als ein Dramenstoff; so lückenlos die Erzählung als solche ist, so karg ist sie als Sujet eines Theaterstücks, als das Heine sie darstellt. Das quid pro quo von Vollständigkeit und Unvollständigkeit aber ist aus der epischen Funktion der Geschichte vom Fliegenden Holländer zu erklären, einer Geschichte, die in den «Memoiren des Herrn von Schnabelewopski» nur erzählt wird, um unterbrochen zu werden. Die ästhetischen Bedingungen, die sie zu erfüllen hat, sind kompliziert und widerspruchsvoll: Sie muß einerseits – als Sujet eines Theaterstücks – fragmentarisch wirken, andererseits aber – als Erzählung – in sich abgeschlossen sein und außerdem als ironischer Kontrast zu der Anekdote erscheinen, mit der zusammen sie überhaupt erst ein episches Ganzes bildet. Der artistische Charakter der Erzählung, der Kunstverstand, mit dem sie arrangiert wurde, ist demnach so offenkundig, daß es schwerfällt, an die Realität des holländischen Stücks zu glauben. Das Theater, das Herr von Schnabelewopski besuchte, ist ein episches Requisit.

2

Undenkbar in einem Theaterstück, gerade in einem populären, rührenden, ist auch die Motivierung der Katastrophe: eine Motivierung, deren herzzerreißende Ironie niemand anderem als Heine zuzutrauen ist. Der Holländer verläßt, nach den Worten der «Memoiren des Herrn von Schnabelewopski», die «Frau Fliegende Holländerin», «um sie nicht ins Verderben zu ziehen». Das Verderben aber, vor dem er sie zu bewahren sucht, weil er sie liebt, besteht in nichts anderem als ihrer eigenen Untreue, die unabwendbar ist, sofern sie ihr nicht durch einen überstürzten Tod zuvorkommt.

Wagner, der die Parodie verwarf und verwerfen mußte, wenn aus der Moritat ein Drama hervorgehen sollte, motivierte anders als Heine: durch eine umständliche Intrige. Statt des Witzes, der bei Heine nicht nur die Ausdrucksform, sondern die Substanz der Erzählung bildet, brauchte Wagner eine Handlung, die den dritten Akt eines Dramas auszufüllen vermochte. Ist die Untreue, als unentrinnbares Geschick, in den «Memoiren des Herrn von Schnabelewopski» gleichsam ein höhnisches Fatum, das über den Menschen schwebt, so ist sie bei Wagner ein tragisch täuschender Schein, in den sich der Holländer, durch Fehlschläge mißtrauisch geworden, verstrickt. Und die dramaturgische Hilfsfigur des Erik dient zu nichts anderem, als die Verblendung zu bewirken. Erik, dessen Liebe von Senta hingenommen, aber nicht erwidert wurde, versucht Senta, die dem Holländer Treue versprochen hat, durch sein Unglück zu erpressen. Und seine Klage genügt, um in dem Holländer, der sie zufällig belauscht, einen Argwohn zu wecken, der so schlecht begründet und dennoch so begreiflich, weil von innen heraus motiviert ist wie die Eifersucht Othellos.

Doch ist das Mißverständnis, das scheinbar die Katastrophe herbeizieht, in Wahrheit weniger ein tragendes dramatisches Motiv als eine bloße Hilfskonstruktion, die den Kern der Handlung, der undramatisch ist, verdeckt und den abrupten, wortlosen Vorgang zu einer beredten Bühnenintrige ausspinnt. Nicht ohne Grund ist der FLIEGENDE HOLLÄNDER von Wagner als *dramatische Ballade* charakterisiert worden: von einem tragischen Konflikt, wie ihn die Erik-Handlung vortäuscht, kann streng genommen nicht die Rede sein.

Zwischen Senta und dem Holländer herrscht von Anfang an ein Einverständnis, das der Worte nicht bedarf und der Sprache, mindestens der rationalen, dialektischen, nicht zugänglich ist. In dem großen Duett des zweiten Aktes, dem Zentrum des Werkes, wird denn auch das Schweigen, in dem Senta und der Holländer sich gegenüberstehen, nicht eigentlich gebrochen, sondern zum Tönen gebracht; so wenig der FLIEGENDE HOLLÄNDER ein Drama ist, so entschieden ist er, wie Wagner mit untrüglichem Instinkt erkannte, zur Oper prädestiniert. Das Mißverständnis, das durch Eriks Eingreifen entsteht, ruft keineswegs einen Konflikt hervor, der Senta und den Holländer einander entfremdet; vielmehr führt es herbei, was Senta immer schon ersehnte:

Er sucht mich auf! Ich muß ihn sehn!
Mit ihm muß ich zugrunde gehn!

Die Treue bis zum Tod, die Senta verspricht, ist eine Treue, die sich im Tod erfüllt: einem Tod, der ihr nicht bloß das bestätigende Siegel aufdrückt, sondern ihre innerste und sogar einzige Substanz bildet. Der Holländer braucht Sentas Treue, um sterben zu können; von Liebe zu sprechen, versagt er sich.

Die düstre Glut, die hier ich fühle brennen,
sollt' ich Unseliger sie Liebe nennen?
Ach nein! Die Sehnsucht ist es nach dem Heil:
würd' es durch solchen Engel mir zuteil!

Und Senta, die kein irdisches Zusammenleben mit dem Holländer erwartet, weiß, daß die Treue, die sie schwört, ein Opfer ist. DER FLIEGENDE HOLLÄNDER gehört nicht in die Tradition der Tragödie, sondern in die des Märtyrerdramas, dem das unbeirrbare Verlangen eines Helden, sich zu opfern, die Bahn vorschreibt.

Andererseits ist es kaum eine Übertreibung, im FLIEGENDEN HOLLÄNDER eine Vorform des TRISTAN zu sehen. Senta und der Holländer bilden, nicht anders als Tristan und Isolde, eine Welt für sich in einer fremden Umwelt, die den Holländer ausgeschlossen hat und der Senta sich entzieht. Und wie im TRISTAN ist es der Gegensatz der Nacht zum Tag, zum grellen, banalen Licht, in dem die Handlung zu einem allegorischen Bild zusammengefaßt erscheint. Die Erlösung, die der Holländer sucht, besteht nicht darin, durch Senta in die Tageswelt, von welcher der Fluch ihn trennte, wieder aufgenommen zu werden; vielmehr ist es gerade umgekehrt Sentas Entschluß, in die Nachtwelt des Holländers hinabzusteigen, der die Erlösung herbeiführt.

Der nachkomponierte Schluß, durch den Wagner 1860, in der TRISTAN-Zeit und im TRISTAN-Stil, die HOLLÄNDER-Ouvertüre ergänzte, ist von symbolischer, aufschließender Bedeutung.

Das Motiv, das der Sequenz zugrunde liegt, drückt am Ende von Sentas Ballade und als deren Konsequenz den Entschluß aus: *Ich sei's, die dich durch ihre Treu' erlöse.*

Die Tristan-Chromatik aber, durch die das Motiv modifiziert und gleichsam zur Kenntlichkeit verändert wird, spricht aus, was in Sentas Willen, Werkzeug der Erlösung des Holländers zu sein, immer schon verborgen war: Sehnsucht zum Tode.

3

Obwohl Wagner überzeugt war, mit dem FLIEGENDEN HOLLÄNDER die *Laufbahn eines Verfertigers von Operntexten* verlassen zu haben, erinnert der äußere Umriß des Werkes, das er *romantische Oper* nannte, in manchen Zügen an die Konvention, die der Theoretiker Wagner schmähte, der Theaterpraktiker jedoch voraussetzte. Charakteristisch sind die Aktanfänge. Deren Gliederung in drei Teile: in einen Chor, der als Folie oder tragender Grund erscheint, einen Ensemblesatz, der die Situation skizziert, und eine Arie, deren Expressivo um so wirksamer ist, als es sich von dem Parlando des Ensemblesatzes abhebt – das war eine Disposition, die sich in der Oper des 19. Jahrhunderts zum Modell verfestigt hatte. Und es ist unleugbar, daß sich Wagner, sei es auch unbewußt, sowohl im ersten als auch im zweiten Aufzug des FLIEGENDEN HOLLÄNDERS an der Konvention orientierte, einer Konvention, die um so mächtiger war, als sie den Schein des Selbstverständlichen annahm. Ein Dramenstoff fügte sich, sobald er zum Opernlibretto geformt wurde, unwillkürlich dem Schema; er schien es geradezu herbeizuziehen.

Andererseits ist der FLIEGENDE HOLLÄNDER keine «Nummern»-, sondern eine «Szenenoper». Das Verfahren, einzelne Arien, Duette, Ensemblesätze und Chöre zu Komplexen zusammenzufassen, statt sie unverbunden nebeneinanderzustellen, ein Verfahren, das im 18. und frühen 19. Jahrhundert zuerst im Finale ausgebildet wurde, erstreckt sich im FLIEGENDEN HOLLÄNDER über das ganze Werk, ohne daß jedoch von einem «durchkomponierten Musikdrama» die Rede sein könnte. Ein Name, der die Technik bewußt machen und ihr zu ästhetischer Geltung verhelfen würde, fehlt: Der Begriff der «Szenenoper» ist ungewöhnlich und mag befremdend wirken. Wagner selbst suchte einen Ausweg aus der terminologischen Verlegenheit mit zusammengestückten Bezeichnungen wie «Lied, Szene, Ballade und Chor», die aber die Schwierigkeit eher illustrieren als lösen. Der Mangel an einer Vokabel ist insofern keine gleichgültige Äußerlichkeit, als er das Verständnis der Sache selbst hemmt oder sogar verstellt. Die irrige Meinung, eine Oper sei entweder eine «Nummernoper» oder ein «durchkomponiertes Musikdrama», ist fest eingewurzelt. Und wenn man sich der Existenz der «Szenenoper» überhaupt bewußt wird, neigt man dazu, sie als bloßes Übergangsphänomen abzutun, da man sie nicht klassifizieren kann. Sie ist jedoch eine Form eigenen Rechts und stellt im 19. Jahrhundert sogar eher die Regel als eine Ausnahme dar.

Durch den Zusammenschluß der «Nummern» zu Komplexen, einen Zusammenschluß, dessen Formen von einfacher Reihung bis zu einem Ineinanderwachsen der Stücke reichen, verändert sich auch die Gestalt der einzelnen Teile. Da sie nicht für sich stehen, können sie formal offen sein; die Wiederkehr von Zeilen oder Strophen, die Bildung geschlossener Formen, die sich einem Buchstabenschema fügen (sei es dem der Liedform a b a oder der Barform a a b), ist um so entbehrlicher, je enger die Teile innerhalb des Komplexes miteinander verschränkt sind. Die Melodik löst sich von der Arienschematik und gewinnt die Freiheit, in jedem Augenblick der dramatischen Sprache und Gestik gerecht zu werden. Man kann die Entwicklung zum expressiv-deklamatorischen Arioso in stilgeschichtlichen Kategorien als Vermittlung zwischen Rezitativ und Arie beschreiben. Unter dem Gesichtspunkt einer Problemgeschichte des Komponierens aber war die Aufhebung der «Nummern» in «Szenen» das entscheidende Moment: Sobald die «Szene», als Gruppierung charakteristisch verschiedener

Teile, die sich gegenseitig stützen und ergänzen, den formalen Zusammenhalt verbürgte, war der einzelne Abschnitt gleichsam davon entlastet, durch Unterwerfung unter ein Arienschema eine geschlossene Form zu bilden, und die Melodik konnte sich emanzipieren, ohne als bloße Stückelung heterogener Fragmente zu erscheinen. Die Möglichkeit, dem Detail eine dem Drama adäquate Gestalt zu geben, war demnach, paradox ausgedrückt, primär ein Problem der Form im Großen.

Sind im FLIEGENDEN HOLLÄNDER einerseits die «Nummern» in «Szenen» integriert, die einen Gesamtcharakter so drastisch ausprägen, daß die Gefahr eines Zerfalls in unzusammenhängende musikalisch-dramatische Augenblicke nicht entsteht, so heben sich andererseits, und zwar sowohl dramatisch als auch musikalisch, eine «äußere» und eine «innere» Handlung voneinander ab. Ist, wie erwähnt, die Katastrophe, in der die «dramatische Ballade» kulminiert, doppelt begründet: von außen durch die Erik-Intrige, von innen durch Sentas Sehnsucht zum Tode, so durchzieht eine ähnliche Spaltung der Motive das ganze Werk. Und die Doppelheit prägt sich musikalisch so deutlich aus, daß die formale Einheit, die Wagner durch den Zusammenschluß der «Nummern» zu «Szenen» erreichte, stilistisch durch eine Tendenz zur Heterogenität gefährdet ist. Dalands Naivität, die an den Buffostil streift (ähnlich wie die des Rocco in «Fidelio»), bildet zusammen mit dem sentimentalen Romanzenton, in den Erik immer wieder verfällt, die musikalische Signatur einer «äußeren» Handlung, die von der «inneren», als deren musikalischer Ausdruck der Monolog des Holländers, Sentas Ballade und das Duett Holländer–Senta erscheinen, durch Trivialität auffällig absticht. Kaum denkbar allerdings, daß Wagner die Arien Eriks und Dalands vorsätzlich als banale Kontraste konzipiert hat. Aber wenn sie um 1840, zur Zeit ihrer Entstehung, nicht verschlissen und konventionell gewesen sind, so sind sie es in dem Jahrhundert, das seither vergangen ist, geworden. Und gerade dadurch, daß die Stücke ins Triviale absanken, wurden sie dramaturgisch, als Ausdruck der «Tageswelt», triftiger, als sie ursprünglich waren. Dalands geschwätzig beflissene Arie, die den Holländer und Senta einander zu empfehlen sucht, macht dadurch, daß sie stört – und zwar nicht nur dramatisch, sondern auch musikalisch –, das Schweigen, in dem der Holländer und Senta einander gegenüberstehen, um so beredter.

In der Differenz zwischen «äußerer» und «innerer» Handlung verbirgt sich, allerdings verwandelt, ein Stück Operntradition: der Gegensatz zwischen dem Rezitativ, das dem dramatischen Fortgang dient, und der Arie, in der die Handlung stillsteht und lyrische Reflexion sich ausbreitet. Der stilistische Kontrast aber ist gleichsam ins Gegenteil verkehrt: Es sind die Träger der «äußeren» Handlung, der Opernintrige im herkömmlichen Sinne, die zur Arienkonvention tendieren, während die musikalische Sprache der «inneren» Handlung, die Sprache Sentas und des Holländers, aus der expressiven Deklamatorik des Recitativo accompagnato entwickelt wurde. Das Innere ist, durch Trivialisierung, zum Äußeren geworden und das Äußere, durch Nobilitierung, zum Inneren.

4

Als szenische Ballade, die sich vom Drama im neuzeitlichen Sinne durch einen Zug zum Abrupten, rational Unbegründeten unterscheidet, ist der FLIEGENDE HOLLÄNDER, und zwar gerade in den zentralen Teilen der «inneren» Handlung durch Momente gekennzeichnet, deren Nähe zur Märchenmagie unverkennbar ist. Sentas Ballade im zweiten Akt, der Kern, aus dem das Werk hervorging, ist keine bloße Erzählung vom FLIEGENDEN HOLLÄNDER, sondern eine Beschwörung, die ihn leibhaftig herbeizwingt, kaum anders als Elsas Traumerzählung im LOHENGRIN den Schwanenritter. Andererseits wird Senta dadurch, daß sie die Ballade singt, selbst in deren Handlung hineingezogen; sie wird gleichsam zu einem Bestandteil des Bildes, das sie malt. Und der Augenblick schließlich, in dem der Holländer, von Senta beschworen, zur Tür hereintritt, ist ähnlich zwielichtig: es scheint, als erwache das Bild, das ihn darstellt und an dem sich Sentas sehnsüchtige Phantasie entzündete, wie durch einen Zauberschlag zum Leben. Fernes und Vergangenes, Gegenstand geraunter Erzählungen, verwandelt sich in bedrängende Gegenwart, und umgekehrt scheint die Gegenwart – oder das Stück von ihr, in dem Senta und der Holländer leben – in Märchenferne entrückt zu werden und die Farbe der Vergangenheit anzunehmen.

Das Medium und ausschließliche Formprinzip des neuzeitlichen Dramas, wie es in der Renaissance entstand, ist der Dialog: die Auseinandersetzung durch Worte, in der die handelnden Personen sich ihrer selbst und der Situation, die sie bestimmt und einschränkt, vergewissern. Und das Ziel, dem ein dramatischer Dialog zustrebt, ist, formelhaft gesprochen, ein Entschluß, in dem eine Person sich ihrer moralischen Autonomie bewußt wird und die inneren Motive, durch die sie bewegt wird, zu äußerer Geltung bringt. Gerade die zentralen Kategorien aber, die das Drama konstituieren, sind im FLIEGENDEN HOLLÄNDER, obwohl das Werk von Wagner als «Drama» im Unterschied zur «Oper» konzipiert wurde, zur Irrelevanz verblaßt. Weder fassen die Personen Entschlüsse, noch ist der Dialog das Medium, in dem sie zu sich selbst finden. An die Stelle der Entscheidung aus moralischer Autonomie tritt die Bestimmung durch ein Geschick, das die Menschen von außen ergreift und dem sie sich widerstandslos unterworfen fühlen, so daß es ihr Inneres restlos erfüllt. Und der Dialog ist in dem Duett Holländer–Senta, dem Zentrum des Werkes, durch einen Doppelmonolog ersetzt, der als bloße Hülle des Verstummens und Schweigens erscheint.

Holländer: *Wie aus der Ferne längst vergangner Zeiten*
spricht dieses Mädchens Bild zu mir:
wie ich's geträumt seit bangen Ewigkeiten,
vor meinen Augen seh' ich's hier …
Senta: *Versank ich jetzt in wunderbares Träumen,*
was ich erblicke, ist es Wahn?
Weilt' ich bisher in trügerischen Räumen,
brach des Erwachens Tag heut an?

Daß aber die Personen Getriebene sind, nicht Handelnde, bedeutet formal, daß der FLIEGENDE HOLLÄNDER, als szenische Ballade, eher zum Epischen als zum Dramatischen tendiert.

Der Monolog des Holländers im ersten Akt ist, in schroffem Unterschied zu den Monologen im klassischen Drama, undialektisch: Er erscheint nicht als innere Zwiesprache, aus der ein Entschluß hervorgeht, sondern (vor allem im ersten Teil) als Erzählung, die ein Stück Vorgeschichte enthüllt. (Und der zweite und dritte Teil, Gebet und Verzweiflungsausbruch, sind, obwohl expressiv, nicht auf den dramatischen Augenblick bezogen, sondern umreißen, als deklamiertes Selbstporträt, die Gestalt des Holländers unabhängig von Ort und Zeitpunkt.) Zwar spricht der Monolog das Innere des Holländers aus, aber so, als rede ein allwissender Erzähler.

Wie oft in Meeres tiefsten Schlund
stürzt' ich voll Sehnsucht mich hinab: –
doch ach! den Tod, ich fand ihn nicht!

Stellt demnach der Holländer-Monolog ein episches Moment im Drama dar, so ist Sentas Ballade ein Stück Exposition, allerdings integriert in den Gang der Handlung, in den sie eingreift. Einerseits hat sie, als gesungene Erzählung, den Charakter einer Interpolation: Gesang in einer Oper, deren Sprache insgesamt Gesang ist. Andererseits bildet sie das auslösende Moment für Sentas Entschluß, das Opfer zu sein, das der Holländer ersehnt. Von einem Entschluß im Sinne einer Entscheidung, die aus der Autonomie des Handelnden erwächst, kann jedoch nicht die Rede sein. Was sich ereignet, ist die plötzlich hereinbrechende Erkenntnis einer Bestimmung, die Senta auferlegt ist und der sie blind folgt, als sei sie verzaubert. Fast könnte man sagen, daß die Ballade, die sie gesungen hat, von ihr Besitz ergreife.

Zu erwähnen wäre auch Eriks Traumerzählung, die im selben Augenblick, in dem Erik spricht, von der in *magnetischen Schlaf* versunkenen Senta mitgeträumt wird. Die Personen sind einer Macht unterworfen, die ihnen aus ihrem eigenen Inneren entgegentritt und dennoch fremd ist. Und es scheint, als rede nicht Erik oder Senta, sondern, um mit Thomas Mann zu sprechen, der «Geist der Erzählung», der sich der Personen nur als Medien bedient.

5

In der MITTEILUNG AN MEINE FREUNDE, einer autobiographischen Skizze, sprach Wagner 1851, ein Jahrzehnt nach der Entstehung des FLIEGENDEN HOLLÄNDERS, von Ansätzen zur Leitmotivtechnik, ohne den Terminus, der erst Jahrzehnte später von Hans von Wolzogen geprägt (oder von Jähns übernommen und popularisiert) wurde, zu gebrauchen. *Ich entsinne mich, noch ehe ich zu der eigentlichen Ausführung des* FLIEGENDEN HOLLÄNDERS *schritt, zuerst die Ballade der Senta im zweiten Akte entworfen und in Vers und Melodie ausgeführt zu haben; in diesem Stücke legte ich unbewußt den thematischen Keim zu der ganzen Musik der Oper nieder: es war das verdichtete Bild des ganzen Dramas, wie es vor meiner Seele stand; und als ich die fertige Arbeit betiteln sollte, hatte ich nicht übel Lust, sie eine ‹dramatische Ballade› zu nennen. Bei der endlichen Ausführung der Komposition breitete sich mir das empfangene thematische Bild ganz unwillkürlich als ein vollständiges Gewebe über das ganze Drama aus; ich hatte, ohne weiter es zu wollen, nur die verschiedenen thematischen Keime, die in der Ballade enthalten waren, nach ihren eigenen Richtungen hin weiter und vollständig zu entwickeln, so hatte ich alle Hauptstimmungen dieser Dichtung ganz von selbst in bestimmten thematischen Gestaltungen vor mir.* Von einer Ausbreitung des *thematischen Bildes* über das *ganze Drama* zu sprechen, ist jedoch eine großzügige Übertreibung oder sogar ein Irrtum – es sei denn, man versteht unter dem *thematischen Bild*, das die Ballade der Senta darstellt, und dem *thematischen Keim*, den sie enthält, weniger einen bestimmten, fest umrissenen musikalischen Motivkomplex als eine vage poetisch-musikalische Stimmung, die im Verlauf des Werkes in immer wieder anderen melodischen Prägungen Gestalt annimmt: Prägungen, deren innerer Zusammenhang fühlbar ist, ohne daß er in den Noten greifbar wäre. Wahrscheinlich ist es allerdings, daß Wagner, als er die MITTEILUNG AN MEINE FREUNDE schrieb, die musikalische Wirklichkeit der frühen Werke, auf die er zurückblickte, mit der Idee der Leitmotivtechnik, die ihm für den RING DES NIBELUNGEN vorschwebte, verschränkte. (Seine Schriften haben fast immer apologetischen Charakter, und er war einer der Revolutionäre, die es mit Furcht und Zittern und beinahe wider Willen sind und darum zu dem Neuen, das sie wagen, Vorformen zu konstruieren versuchen.)

Nur wenige Teile der Oper, Teile allerdings, von denen die «innere» Handlung getragen wird, werden durch die in der Ballade zusammengefaßten Grundmotive wenn nicht bestimmt und beherrscht, so doch gefärbt: der Monolog des Holländers, Eriks Traumerzählung, einzelne Abschnitte des Duetts Holländer–Senta sowie der Schluß des Werkes. Ist demnach die Motivtechnik, gemessen an der des RING, eingeschränkt und rudimentär, so sind außerdem die Motive, so auffällig sie hervortreten, kompositionstechnisch nicht eigentlich konstitutiv, sondern akzessorisch: Während im RING die musikalische Entwicklung durch die Leitmotive getragen und bestimmt wird, haben im FLIEGENDEN HOLLÄNDER die Motive, die eher Erinnerungs- als Leitmotive sind, den Charakter von Interpolationen. Das Holländer-Motiv, das in Eriks Traumerzählung in streng regelmäßigen Abständen in die musikalische Deklamation hereintönt, markiert die Zeilenschlüsse, bildet aber nicht das Gerüst oder Rückgrat des Tonsatzes. Und die Motive, die das Duett Holländer–Senta als melodische Embleme einleiten, das Holländer- und das Erlösungsmotiv, stechen als Zitate, als Reminiszenzen aus dem musikalischen Kontext hervor, statt dessen Substanz darzustellen. Sie sind dramatisch bedeutungsvoll, aber musikalisch nicht restlos integriert.

Den musikalischen Zusammenhang verbürgt im FLIEGENDEN HOLLÄNDER nicht ein Gewebe von wiederkehrenden melodischen Motiven, wie es Wagner im Rückblick als das entscheidend Neue des Werkes erschien, sondern das konventionelle Gerüst der musikalischen Syntax. Auch in den Teilen, in denen sich die Melodik von der Arientradition emanzipiert, wie in Eriks Traumerzählung oder in dem Duett Holländer–Senta, bleibt sie mit beinahe pedantischer Strenge dem überlieferten, verfestigten Periodenschema unterworfen, der Gruppierung in 2+2, 4+4 und 8+8 Takte, die Wagner später, nachdem er sie durchbrochen hatte, als *Quadratur der Tonsatz-Konstruktion* verhöhnte. Abweichungen von der *Quadratur* sind bei Wagner, und zwar bis zum LOHENGRIN, seltener als bei Beethoven, dem Vorbild, dem er sonst nacheiferte. Doch ist das Festhalten an der regulären Periodik durchaus kein zufälliger kompositorischer Mangel (der etwa Wagners rudimentärer musikalischer Ausbildung, die so rudimentär gar nicht war, zuzuschreiben wäre). Der Schematismus der rhythmischen Gliederung erscheint vielmehr als Kehrseite und Widerpart einer Emanzipation der Melodik: In den stilistisch avancierten Teilen des FLIEGENDEN

HOLLÄNDERS, in denen, mindestens der Intention nach, aus der «Oper» das «Drama» hervortritt, verzichtete Wagner auf das Mittel, musikalischen Zusammenhang durch Wiederkehr von Melodiezeilen zu stiften; die gewohnten musikalischen Formtypen, die sich durch Buchstabenschemata wie a b a oder a a b chiffrieren lassen, sind aufgehoben oder zu Relikten geschrumpft. Jede Textzeile erhält ihre eigene, unwiederholbare Melodie, die den Gehalt und Tonfall der Worte ausdrückt oder deren gestische Ergänzung nachzeichnet. Um aber die Musik trotz der individuellen Prägung der einzelnen Zeilen und Phrasen vor dem Zerfall in zusammenhanglose Fragmente, in ein bloßes Nebeneinander expressiver Augenblicke, zu bewahren, hält Wagner an der regulären Periodenstruktur um so entschiedener und scheinbar befangener fest. Der Schematismus der syntaktischen Form bildet den Ausgleich zur «Anarchie» des melodischen Inhalts.

Die Gewöhnung an Opern- und Liedmelodien, die sowohl durch «quadratische» Syntax als auch durch eine regelmäßige Wiederkehr von Zeilen zusammengehalten werden, so daß ein mühelos überschaubares Gebilde entsteht: die Gewöhnung an eine gleichsam doppelte Determination der melodischen Form versperrt die Einsicht, daß die beiden Formmomente eine Alternative bilden können: eine Einsicht, die entscheidend ist, wenn man nicht in einem banalen Melodieverständnis, das in der Oper zum Schlager tendiert, befangen bleiben will. Herrscht im FLIEGENDEN HOLLÄNDER die «Quadratur» vor, und zwar gerade in den halb deklamatorischen Teilen wie dem ersten Abschnitt des Duetts Holländer–Senta, so ist im RING die reguläre Syntax zerbrochen und in «musikalische Prosa» aufgelöst: Phrasen von ungleicher und irregulärer Ausdehnung werden aneinandergefügt, ohne sich als Vorder- und Nachsatz einer Periode zusammenzuschließen. Den Ausgleich zur syntaktischen Regellosigkeit, die an den vers libre erinnert, bildet im RING die ständige Wiederkehr gleicher Motive, die das ganze Drama umfassende Leitmotivtechnik, die in der Melodik einen musikalischen Zusammenhang wiederherstellt, der in der Rhythmik, der Syntax zerfallen ist. Dagegen erscheint im FLIEGENDEN HOLLÄNDER die Motivwiederkehr, wie erwähnt, als peripheres Moment; sie ist, mindestens unter kompositionstechnischem Gesichtspunkt, nicht konstitutiv und braucht es nicht zu sein, weil die musikalische Form an der *Quadratur* der Syntax einen festen Halt hat. Für die Festigkeit der melodischen Form, in der zu einem nicht geringen Teil die Popularität des Werkes begründet ist, war allerdings der Preis zu zahlen: Am Schematismus der Rhythmik findet die individuelle, expressivdeklamatorische Prägung der Phrasen, das Moment also, durch das sich nach Wagner die Melodie des «Dramas» von der «Oper» unterscheidet, ihre Grenze.

Tannhäuser

Die Ausstattung eines Stücks mit zwei Titeln, eine Schrumpfform der Handlungsskizze, des Argumentum, war im 18. und 19. Jahrhundert Mode. In Wagners TANNHÄUSER aber, der eigentlich TANNHÄUSER UND DER SÄNGERKRIEG AUF WARTBURG heißt, ist der Doppeltitel in der Entstehungsgeschichte des Werkes begründet. Er deutet an, daß der Text der Oper aus der Verschränkung zweier Sagen hervorging, die in der Überlieferung unabhängig voneinander waren. *Ich fügte,* schrieb Wagner, *dem Namen meines Helden Tannhäuser die Benennung desjenigen Sagenstoffes hinzu, welchen ich, ursprünglich der Tannhäuser-Mythe fremd, mit dieser in Verbindung gebracht hatte, woran leider später der von mir so sehr geschätzte Sagen-Forscher und Erneuerer Simrock Anstoß nahm.* Daß die Tannhäuser-Elisabeth-Handlung, die für den dramaturgischen Zusammenhalt entscheidend ist, von ihm selbst stammt, erwähnte Wagner nicht: Als Dichter in undichterischer Zeit wollte er Entdecker von Verschüttetem, nicht Erfinder sein.

Das Tannhäuser-Gedicht ist in der Fassung, die «Des Knaben Wunderhorn» überliefert, zweiteilig. In einem langen Dialog reißt Tannhäuser sich los von Frau Venus und dem Venusberg, einer als Paradies maskierten Hölle, in der er ein Jahr verbracht hat, besessen von den Dämonen, in welche sich die antiken Götter im christlichen Mittelalter verwandelt hatten. (Sie wurden nicht vergessen, aber von oberen Mächten zu unteren umgedeutet.) So exzessiv rhetorisch aber Tannhäusers Abschied von Venus ist, so karg und abrupt ist die Erzählung der eigentlichen Legende. Die Absolution, die Tannhäuser, «in Jammer und in Reuen», von Papst Urban erfleht, wird ihm verweigert:

> Der Papst hat einen Stecken weiß,
> der war vom dürren Zweige:
> «Wann dieser Stecken Blätter trägt,
> sind dir deine Sünden verziehen.»

Tannhäuser kehrt, «in Jammer und in Leiden», in den Venusberg zurück.

> Danach wohl auf den dritten Tag
> Der Stecken hub an zu grünen,
> da sandt man Boten in alle Land,
> wohin der Tannhäuser kommen.
> Da war er wieder in den Berg,

25

darinnen sollt er nun bleiben,
so lang bis an den Jüngsten Tag,
wo ihn Gott will hinweisen.

Die Tannhäuser-Legende bildet in der Oper den Stoff für den Anfang des ersten und den Schluß des dritten Aktes, und zwar in den Formen, die das Gedicht vorzeichnete: als Dialog oder Duett Tannhäuser–Venus und als Erzählung von der Pilgerfahrt nach Rom. Die alte
Überlieferung aber war nicht Wagners einzige Quelle; und die Motive,
die er brauchte, nahm er, wo er sie fand. (Die Bemühung der Philologen unter den Wagnerianern, in den ältesten Quellen, die Wagner studierte, die entscheidenden für sein Werk zu sehen, zeugt eher von An-
hänglichkeit ans deutsche Altertum als von Verständnis für Dramaturgie.) Daß Heines Gedicht «Der Tannhäuser» eine Parodie ist, hinderte
Wagner nicht, einzelne Züge zu adaptieren. Heines Tannhäuser verläßt
Venus, weil er die Ungetrübtheit der Freude im paradis artificiel nicht
mehr erträgt: «Ich schmachte nach Bitternissen.» Ähnlich Wagners
Tannhäuser: *Aus Freuden sehn' ich mich nach Schmerzen.* Und ist
Tannhäusers Beichte vor dem Papst bei Heine ein durch Selbstankla-
gen nur halb getrübtes oder zerrüttetes Lob der Venus, von der Tannhäuser nicht loskommt, so spricht Wagners Tannhäuser, kaum anders
als später Amfortas, vom *Sehnen, das kein Büßen noch gekühlt.*

Die Sage vom Sängerkrieg auf der Wartburg enthielt, obwohl sie
für sich überliefert wurde, einzelne, wenn auch halb versteckte Motive,
die eine Verknüpfung mit der Tannhäuser-Legende möglich machten
oder sogar nahelegten. Im Tannhäuser-Gedicht aus «Des Knaben
Wunderhorn» lauten die Abschiedsworte der Venus, halb Verwünschung und halb Segensspruch:
Und wo Ihr in dem Land umbfahrn,
mein Lob, das sollt Ihr preisen.

Und in der Oper ist es ein Preislied auf Venus, das im Sängerkrieg
die Katastrophe herbeiführt. Andererseits ist in der Erzählung vom
Sängerkrieg die überraschende und bestürzende Kunst Heinrichs von
Ofterdingen, der an der Stelle Tannhäusers steht, von Dämonen inspiriert. Und in der Fassung, die E. T. A. Hoffmann in den «Serapionsbrü-
dern» der Sage gab, ist sogar von Venus und dem Venusberg die Rede.
Das Lied, das zunächst von dem Dämon Nasias und dann von Heinrich
von Ofterdingen gesungen wird, preist «die überschwenglichen Freuden des Venusberges»: «… und es war, als wenn die Flammen, die Nasias um sich sprühte, zu lüsterne Begierde und Liebeslust atmenden
Düften würden, in denen die süßen Töne auf und nieder wogten, wie
gaukelnde Liebesgötter.» Die Phantasmagorie des Venusberges ist in
Hoffmanns Worten vorgezeichnet.

Die Sage vom Venusberg begründet, und zwar szenisch-sinnfällig, die dämonische Verwirrung, die beim «Wartburgkrieg» von Tannhäusers Lied ausgeht: eine Verwirrung, in der sich das Faszinierende mit dem Abstoßenden mischt. Die verwickelte Geistergeschichte, die Hoffmann konstruierte, um Heinrich von Ofterdingen mit Magie auszustatten, wurde durch Wagners Gedanken, die Wartburg-Sage durch die Tannhäuser-Legende zu fundieren, überflüssig. Durch die Verbindung der heterogenen Überlieferungen wurden die Umrisse des Dramas sichtbar, das in Hoffmanns Novelle verborgen war.

Andererseits scheint es, als sei umgekehrt die Wartburg-Sage für die Tannhäuser-Legende bedeutungs- und funktionslos. Nachdem bei Tannhäusers Ruf *Mein Heil ruht in Maria* der Venusberg wie durch einen Zauberschlag versunken ist, hindert eigentlich nichts, daß sich Tannhäuser, bedrückt von *der Sünden Last,* den Pilgern anschließt, die er im Wartburgtal nach Rom ziehen sieht. Daß er beim Sängerkrieg als Sünder entlarvt und von Landgraf Hermann zur Bußfahrt nach Rom verurteilt wird, ist eine äußere Motivierung, die der inneren, der Sehnsucht nach Erlösung, nichts hinzufügt als ein theatralisches Tableau.

Die Verknüpfung der Handlungen wird erst verständlich, wenn man erkennt, daß der Sängerkrieg, der mit pathetischem Gepränge und lauten Konflikten den zweiten Akt der Oper füllt, nichts als eine Fassade ist: die Außenseite eines tragischen Vorgangs zwischen Tannhäuser und Elisabeth, der sich fast wortlos vollzieht. Man muß Tannhäusers Venuslied so hören, wie es Elisabeth hört, der Tannhäuser durch sein Bekenntnis zu den Wonnen der Venushölle *jubelnd das Herz zersticht.* Und daß dem Lied – mindestens heute, ein Jahrhundert nach der Entstehung des Werkes – ein Zug von Trivialität, von billigem Schwung anhaftet, unterstützt eher die tragisch-theatralische Wirkung, als daß es sie verminderte. Inmitten der tosenden Empörung der Ritter, die auf Tannhäuser eindringen, um ihn zu erschlagen, ist der lautlose innere Zusammenbruch Elisabeths das eigentliche Ereignis. Und sie verwehrt es den anderen, über Tannhäuser Gericht zu halten: nicht, weil sie als Heilige über den irdischen Tumult erhaben wäre, sondern weil die borierten Gefühle der Ritter, Wolfram von Eschenbach nicht ausgenommen, an das, was zwischen Tannhäuser und ihr vorgeht, nicht heranreichen.

Tannhäuser ist ein zweiter Fliegender Holländer. Auch auf ihm liegt ein Fluch, den einzig ein Opfertod, das Sterben Elisabeths, aufzuheben vermag.

Nimm hin, o nimm mein Leben:
nicht nenn' ich es mehr mein.

Daß der dürre Stab des Papstes Blüten treibt, das Wunder der Tannhäuser-Legende, ist in der Oper, anders als im Gedicht, nichts als eine szenische Metapher für die Erlösung Tannhäusers durch Elisabeths Tod. Und weil er erlöst ist, kann Tannhäuser sterben: *O Göttin, woll' es fassen, mich drängt es hin zum Tod*, setzt er Venus entgegen, die ihn zu halten versucht.

Der Tod ist im TANNHÄUSER das Ende einer Verwirrung und Verblendung der Gefühle, aus der es einen Ausweg nicht gab: Tannhäuser und Elisabeth sterben, ohne manifesten empirischen Grund, an der tragischen Verwicklung, in die sie geraten sind. Der Fliegende Holländer wird von einem einfachen Gefühl, dem der Todessehnsucht, getrieben; und Senta erscheint in dem Märtyrerdrama, dessen Heldin sie ist, als Werkzeug der Erlösung. Im TANNHÄUSER dagegen verwirren sich die Linien des Erlösungsdramas. Tannhäusers Liebe zu Elisabeth ist ein zwiespältiges, von Anfang an gebrochenes Gefühl, halb Trieb und Besessenheit und verdeckte Erinnerung an Venus, von der er nicht loskommt, halb Sehnsucht nach Erlösung durch die Heilige, die Elisabeth für ihn ist und die er unbewußt bereits meint, wenn er sich von Venus mit den Worten *Mein Heil ruht in Maria* trennt. Im paradis artificiel der Venus verlangt es Tannhäuser nach *des Himmels freundlichen Gestirnen* und nach *dem Halm, der frisch ergrünend den neuen Sommer bringt;* aber gerade das irdisch Einfache ist ihm versagt, auch in der Liebe zu Elisabeth, die durch Dämonie oder durch fromme Sehnsucht geprägt, aber nicht eigentlich menschlich ist. In dem Preislied auf Venus, das Elisabeth zu Tode verletzt, kommt zu offenem, herausforderndem Ausdruck, was zuvor in dem Dialog Tannhäusers mit Elisabeth, zu Anfang des zweiten Aktes, schon angedeutet worden war:

> *Den Gott der Liebe sollst du preisen,*
> *er hat die Saiten mir berührt,*
> *er sprach zu dir aus meinen Weisen,*
> *zu dir hat er mich hergeführt.*

Das Venuslied nennt dann den *Gott der Liebe* beim Namen. Und wenn Tannhäuser in Rom sich eines *Sehnens* schuldig bekennt, *das kein Büßen noch gestillt,* so ist die Erinnerung an Venus mit der an Elisabeth trübe gemischt. Daß Wagner selbst das Zwielichtige, Gefühlsverwirrende als entscheidenden Zug des TANNHÄUSER empfand, verrät ein Brief an Ernst Benedikt Kietz vom 6. September 1842, also aus der Zeit, in der TANNHÄUSER konzipiert wurde. *In der Stadtkirche zu Aussig ließ ich mir die Madonna von Carlo Dolci zeigen: das Bild hat mich außerordentlich entzückt, und hätte es Tannhäuser gesehen, so könnte ich mir vollends ganz erklären, wie es kam, daß er sich von Venus zu Maria wandte, ohne dabei zu sehr von Frömmigkeit hingerissen zu sein. — Jedenfalls steht nun die heilige Elisabeth bei mir fest.*

Tannhäuser fühlt und handelt, ähnlich wie der Siegfried der Ring-Tetralogie, jäh und seltsam gedächtnislos. Er erscheint, seiner selbst nicht ganz bewußt, als Gefangener des Augenblicks und des Affekts, der ihn gerade beherrscht. Was sich ereignet, geschieht in abruptem Wechsel zwischen Extremen. Die *Kunst des Überganges,* deren Wagner sich später rühmte und als deren Paradigma er das Duett Tristan–Isolde empfand, ist im Tannhäuser noch unentwickelt.

Als Wolfram im ersten Akt, *mit erhobener Stimme,* als zitiere er eine Beschwörungsformel, Elisabeths Namen nennt, ist es, als werde in Tannhäuser, der *heftig und freudig ergriffen ist,* eine Erinnerung aufgeschreckt, die tief verborgen lag. Ebenso rasch und umstandslos aber ist das Vergessen, das Auslöschen von Vergangenem. Auf Elisabeths Frage: *Wo weiltet Ihr so lange?* erwidert Tannhäuser (und es wäre verfehlt und borniert, die Antwort als bloße Ausflucht abzutun): *Fern von hier, in weiten, weiten Landen. Dichtes Vergessen hat zwischen heut und gestern sich gesenkt.* Umgekehrt scheint es im dritten Akt, als habe er, auf der Suche nach dem Venusberg, Elisabeth gänzlich vergessen, so daß ihn, als Wolfram ihm ihren Namen entgegenhält, die Erinnerung wie ein Schock trifft: *Er bleibt, wie von einem heftigen Schlage gelähmt, an die Stelle geheftet.* Erinnerung schlägt übergangslos in Vergessen um und Vergessen in Erinnerung.

Der Tendenz zum Abrupten, dem Mangel an Vermittlung zwischen den Extremen, entspricht im Tannhäuser eine Unbekümmertheit um Motivierungen, die um so auffälliger ist, als Wagner später, in der Ring-Tetralogie, von einem geradezu pedantischen Drang nach Begründung und Ableitung, bis zurück zum Anfang der Dinge, besessen ist. Warum Tannhäuser in den Venusberg geriet, bleibt ebenso ungewiß und unausgesprochen wie der Ursprung der Liebe zu Elisabeth; es wäre schwierig, das eine Moment der Vorgeschichte mit dem anderen zusammenzudenken, und es ist überflüssig, inadäquat. Entscheidend ist vielmehr ein dramaturgisches Formgesetz, dem sich der Inhalt, die Handlung angleicht: ein Gesetz, das im Tannhäuser dasselbe ist wie im Fliegenden Holländer, im Ring und im Tristan. Einerseits scheint es immer – unabhängig von der Motivierung oder deren Fehlen in der einzelnen, besonderen Handlung –, als habe jeder der Liebenden das Bild des anderen unbewußt seit jeher in sich getragen; andererseits aber ist die Liebe, von der Senta und der Holländer, Tannhäuser und Elisabeth, Siegfried und Brünnhilde oder Tristan und Isolde ergriffen werden, jäh und unvermittelt: Die Vorgeschichte, wenn es sie gab, ist bedeutungslos. Das dramaturgische Formgesetz aber, das die Handlung beherrscht, ist eines der Oper, mag es auch von Wagner in das Musikdrama, also die Werke seit dem RING, übernommen worden sein.

Musik in der Oper ist, grob und formelhaft gesprochen, affirmativ und an den Augenblick, die unmittelbare Gegenwart gebunden. Sie begründet und verknüpft nicht, sondern behauptet und setzt fest; und es gelingt ihr, sogar dem Unmotivierten den Schein von Notwendigkeit und dem Absurden, Entlegenen den von Glaubwürdigkeit zu verleihen. Gerade indem sie den schroffen Kontrast, den abrupten Umschlag durch Musik, durch tönende Rhetorik evident macht und gleichsam den Mangel an dramaturgischer Vermittlung durch die Macht der musikalischen Erscheinung ausgleicht, zeigt sich die Oper als das, was sie ist. Die *Kunst des Überganges* ist ihr ursprünglich fremd. Dagegen werden im Musikdrama, zu dessen konstitutiven Merkmalen die Leitmotivtechnik gehört, unablässig Fäden geknüpft und Zusammenhänge gestiftet. Alles, was geschieht, erinnert an Früheres, aus dem es hervorgeht oder mit dem es durch Analogie verbunden ist. Ein dichtes Netz von Motivationen – die musikalischen sind zugleich dramatische und die dramatischen musikalische – überzieht das ganze Werk. In der Oper, in der die Teile sich deutlich voneinander absetzen, als folge ein Stück fest umrissener Gegenwart dem anderen, herrscht der Kontrast, im Musikdrama die Vermittlung. Von den Momenten der musikalisch-dramatischen Form kehrt die Oper das plastische, das Musikdrama das logische hervor.

3

Die Musik zu TANNHÄUSER, 1843–1845 in Dresden entstanden, ist gleichsam niemals abgeschlossen worden. Noch in Dresden änderte Wagner den Schluß der Oper, dem es in der ersten Fassung an szenischer Drastik mangelte: Das Erscheinen der Venus und der Tod der Elisabeth wurden nur abstrakt musikalisch angedeutet, statt sinnfällig gemacht zu werden. 1860–1861 schrieb Wagner dann für die Pariser Aufführung, die unmittelbar eine Katastrophe und indirekt ein Triumph war, einige Teile der Venusberg-Szene und – weniger tief eingreifend – des Sängerkriegs um. Und 1883 schließlich, wenige Wochen vor seinem Tode, sagte er zu Cosima, *er sei der Welt noch den Tannhäuser schuldig.*

Das kompositorische Problem, wie Wagner es empfunden zu haben scheint, war durch eine bloße Umarbeitung nicht zu lösen. In der Dresdener Fassung – der zweiten – ist die Musik zur Venusberg-Szene zwar nicht eigentlich zu schwach in der motivischen Substanz, aber zu unentwickelt, um einen genügenden Widerpart zu den Szenen zu bilden, in denen der Choral-, Lied- und Marschton vorherrscht, der als musikalische Signatur des TANNHÄUSER im Gedächtnis haftet und die Popularität des Werkes begründete: der Ton, von dem sich nicht einmal Tannhäusers Preislied auf Venus im Sängerkrieg abhebt. (Noch in der Pariser Fassung ist es weniger das musikalisch keineswegs anstößige Preislied, das Wagner jedoch nicht antasten mochte, als eine flüchtige Reminiszenz an die Venusberg-Musik im Orchester, die musikalisch ein Gefühl für Tannhäusers Fremdheit und innere Distanz gegenüber den Rittern vermittelt.)

Andererseits entstand durch die Umarbeitung von 1860–1861 in der Venusberg-Szene ein Nebeneinander und ein manchmal unvermittelter Wechsel von alten und neuen Teilen, deren stilistische Divergenz unüberhörbar ist. Das Orchester klingt, vor allem durch die entwickeltere Behandlung der Holzbläser, in den nachkomponierten Partien sinnverwirrend differenziert. Das Urteil aber, die spätere Fassung kranke an einem Stilbruch und bleibe darum, obwohl niemand ihren musikalischen Vorrang im Einzelnen leugnet, als Ganzes hinter der früheren zurück, ist insofern fragwürdig, als es das Werk an einer Norm mißt, von der nicht feststeht, daß sie adäquat ist. Die Forderung stilistischer Geschlossenheit und Integrität ist, wie die Kategorien und Prinzipien der konventionellen Ästhetik insgesamt, klassizistischen Ursprungs. Wagner aber war, pointiert ausgedrückt, eher Manierist und Theatraliker als Klassizist. Und die Divergenz, die abstrakt musikalisch als Stilbruch, also als ästhetischer Mangel erscheint, kann musikalisch-dramaturgisch als Ausdruck des Gegensatzes zwischen der alltäglich-natürlichen Welt, in die sich Tannhäuser zurücksehnt, und dem paradis artificiel, in dem Venus ihn zurückzuhalten versucht, gerechtfertigt werden: Es ist kein Zufall, daß es die Partie der Venus, nicht die Tannhäusers war, die neu komponiert wurde. Allerdings soll nicht geleugnet werden, daß klassizistische Postulate wie das der stilistischen Einheit dem Ästhetiker Wagner nicht fremd waren; und so ist es verständlich, daß ihn die Widersprüche der Pariser Fassung beunruhigten.

Der kompositionstechnisch-ästhetische Zwiespalt – und technische Momente sind immer zugleich ästhetische, so wie umgekehrt ästhetische Einsichten technisch begründet werden müssen – ist deutlich ablesbar an der Arie der Venus, *Geliebter! Komm.* Daß von einer «Arie» die Rede ist, mag befremden und als Sakrileg am Bayreuther Dogma, das nur «Szenen» kennt, empfunden werden, bedeutet aber keine Ausflucht aus terminologischer Verlegenheit, sondern dürfte um so eher gerechtfertigt sein, als die Partie – im Gegensatz zu dem, was zu erwarten wäre – in der Pariser Fassung, die aus der Epoche des «Musikdra-

mas» stammt, formal geschlossener ist als in der Dresdener Version, die
in die Zeit der «Oper» zurückreicht. Man kann die Arie, die mehr als
hundert Takte in gedehntem Zeitmaß (Andante) umfaßt, im Groben in
zwei Teile gliedern (*Geliebter! Komm* und *Aus holder Ferne*). Der erste
wurde im Umriß – allerdings mit anderem Orchestersatz, von Fis- nach
F-Dur transponiert und aus dem $^4/_4$- in den $^3/_4$-Takt versetzt – aus der
Dresdener in die Pariser Version übernommen; erst der zweite ist neu.
Und es ist charakteristisch für die Pariser Fassung, daß der Anfang des
ersten Teils mit dem Schluß des zweiten übereinstimmt (Buchstabe α
bezeichnet ein Introduktions-, β das vokale Hauptmotiv):

$$\text{I} \qquad\qquad \text{II}$$
$$\alpha^1\ \beta^1\ \beta^2\ \dots\ \beta^3\ \dots\ \alpha^2\ \dots\ \beta^4\ \beta^5\ \alpha^3$$

Die formale Abrundung durch eine Reprise fehlt in der Dresdener
Fassung, in der Wagner den Text ohne Rückgriffe auf Früheres durch-
komponierte. (Zusammenhangbildend wirkte ein wiederkehrendes Orchestermotiv, das in der Pariser Version zu einer flüchtigen Andeutung
in der Introduktion geschrumpft ist.)

Die Reprise, die entfernt an das Schema der Da-Capo-Arie erinnert, ist aber nicht das einzige Moment, durch das die Teile miteinander
verklammert werden. Und es sind gerade die Zusätze zum ersten Teil,
die Wagners Tendenz zur geschlossenen Form verraten: Eingefügt
wurde einerseits eine Wiederkehr des Hauptmotivs am Schluß des er-
sten Teils (β^3), andererseits das Introduktionsmotiv (α^1), das im zweiten
Teil aufgegriffen (α^2) und an dessen Schluß zur vokalen Phrase umge-
bildet wird (α^3).

Ein Analytiker, der von den ästhetischen Dogmen ausgeht, die der
traditionellen musikalischen Formenlehre – eher unausgesprochen als

explizit – zugrunde liegen, mag dazu neigen, in der formalen Geschlossenheit der Venusarie die Konsequenz der rhythmischen «Quadratur», der Gliederung in schematische Viertakt-Gruppen, zu sehen, die ihrerseits in der Versstruktur des Textes begründet ist. Wagner wäre sich demnach des ästhetischen Zusammenhangs zwischen rhythmischer und formaler Regelmäßigkeit oder Schematik 1860 bewußter gewesen als in den 40er Jahren. Die Erklärung ist jedoch, so einleuchtend sie zunächst erscheint, irrig. Das Verfahren, formalen Zusammenhalt durch die Wiederkehr von Motiven und melodischen Phrasen zu erreichen, ist bei Wagner, wie bereits in der Analyse des FLIEGENDEN HOLLÄNDER angedeutet wurde, eher der Widerpart und Ausgleich einer irregulären Rhythmik als die Konsequenz und Analogie einer regulären.

In der Dresdener Fassung, in der die Venusarie durchkomponiert ist, herrscht die rhythmische «Quadratur» fast uneingeschränkt. Die Reihe der Viertakt-Gruppen wird durch eine einzige Dreitakt-Gruppe unterbrochen (*ein Freudenfest*), die aber nichts anderes als die Reduktion einer melodisch analogen Viertakt-Gruppe ist (*der Liebe Feier*), also eine bloße Modifikation des Schemas, nicht dessen Aufhebung bedeutet. Dagegen ist in der Pariser Fassung, sei es auch im Widerspruch zur Versstruktur, die Tendenz zum rhythmisch Irregulären, zur «musikalischen Prosa», unverkennbar.

In den nachkomponierten Takten am Schluß des ersten Teils der Arie (*Komm, süßer Freund*) wird die «Quadratur», das Schema einer Sequenz von zwei plus zwei Takten, obwohl sie noch durchscheint, durch die Dehnung des Anfangs und den angehängten Schlußtakt gleichsam überwachsen, so daß sie beinahe unkenntlich ist. Den Ausgleich der irregulären, emanzipierten Rhythmik aber bildet die reguläre, geschlossene Form. (Und es ist vielleicht keine Übertreibung oder Ausschweifung ins Spekulative, von Wagners Kompositionstechnik insgesamt zu behaupten, daß sie eher dialektisch als konsequenzlogisch sei.)

Der Eindruck der Phantasmagorie, des musikalischen Zaubers, der von den nachkomponierten Teilen der Venusberg-Szene ausgeht, kann in musikalisch technischen Kategorien gleichsam dingfest gemacht werden, mag auch Wagner selbst, da er dazu tendierte, Artifizielles als natürlich erscheinen zu lassen, die technische Analyse suspekt gewesen sein. Er beruht, um wenigstens eines der Merkmale zu nennen, zum Teil auf dem Verfahren, die Momente des musikalischen Satzes, Melodik und Harmonik, einander bis zur Ununterscheidbarkeit anzunähern, so daß die gewohnte und für das musikalische Hören grundlegende Differenz zwischen melodischem Vorder- und harmonischem Hintergrund, zwischen Figur und Folie, um in der Sprache der Gestaltpsychologie zu reden, hinfällig wird. Der Hörer hat das Gefühl, den festen Halt zu verlieren und in einen musikalischen Schwebezustand zu geraten.

In den Introduktionstakten der Venusarie, die das musikalische Bild des Zaubers entwerfen, mit dem Venus versucht, Tannhäuser zurückzuhalten, sind es die gleichen Töne, die in den Hauptstimmen, der Solovioline und der Bratsche, als Melodietöne und in den Nebenstimmen, den geteilten Orchestergeigen, als Akkordtöne erscheinen. Und es wäre müßig und inadäquat, entscheiden zu wollen, ob der vierstimmige Satz der Nebenstimmen als Zusammenziehung der Melodietöne zu Akkorden oder umgekehrt die Hauptstimmen als Auszug aus dem vierstimmigen Satz aufzufassen seien. Charakteristisch ist gerade die Indifferenz der Momente, von der die ästhetische Wirkung abhängt.

4

TANNHÄUSER ist eine Oper, kein Musikdrama. Von einer ausgeprägten Leitmotivtechnik, wie sie nach Bayreuther Dogma auch für Wagners frühere Werke charakteristisch sein soll, kann streng genommen erst in der RING-Tetralogie die Rede sein. Im TANNHÄUSER ist sie noch rudimentär.

Als Zeichen für die Entwicklungsstufe der musikalischen Sprache im TANNHÄUSER, eine Entwicklungsstufe, auf der eine zum System erhobene Leitmotivtechnik noch nicht möglich war, erscheint die Tatsache, daß es manchmal schwerfällt, zwischen einer musikalischen Analogie, hinter der eine allegorische Absicht steht, und einer zufälligen melodischen Ähnlichkeit, die nichts besagt, begründet zu unterscheiden.

So unleugbar der Zusammenhang zwischen den zitierten Motiven ist, mindestens dann, wenn man sie nebeneinanderrückt, so schwierig ist eine Deutung, sofern man die unbekümmerte Gewaltsamkeit eines Symbolisierens, das alles mit allem verknüpft und daraus metaphysischen Genuß zieht, zu vermeiden sucht.

Weder die Wiederkehr des Venusliedes im Sängerkrieg noch die der Pilgerchoräle hat Leitmotivcharakter – es sei denn, man faßt es als Leitmotivtechnik auf, daß die beiden sonst gänzlich verschiedenen eine Doppelzeile gemeinsam haben, die durch ihre choralfremde Chromatik einerseits aus dem archaisierenden, «altdeutschen» Kontext herausfällt und andererseits, als musikalische Leidensgeste, auf Tannhäuser verweist. Im ganzen aber erscheinen die Choräle noch beinahe als Bühnenmusik, die in den musikalischen Verlauf nicht restlos integriert ist; und sogar das Motiv, das den über Tannhäuser verhängten Fluch ausdrückt, hat den Charakter eines Requisits, das für die musikalische Form nicht konstitutiv ist.

Die einzigen Motive, die bei ihrer Wiederkehr als Leitmotive wirken, sind die der Venusberg-Szene. Sie sind aber, und das unterscheidet sie von den Leitmotiven der RING-Tetralogie, trotz ihrer Prägnanz und Sinnfälligkeit gleichsam nicht ganz individualisiert. Welche Auswahl der fünf oder sechs Motive zitiert wird, um an den Venusberg zu erinnern, ist fast gleichgültig: In der Pariser Fassung des Sängerkriegs sind es zum Teil andere Motive als in der Dresdener Version. Sie bezeichnen sämtlich nur die Sphäre, aus der sie stammen, ohne daß ihnen besondere, unterscheidbare allegorische Bedeutungen aufgeprägt würden, durch die sie sich voneinander abheben. Die Leitmotivtechnik wird im TANNHÄUSER, sofern überhaupt von ihr die Rede sein kann, noch en bloc gehandhabt.

Die kompositorischen Momente, die ein Jahrzehnt später in der entwickelten Leitmotivtechnik der RING-Tetralogie einen Zusammenhang bilden, durch den sich Wagners «System», wie es die Zeitgenossen nannten, überhaupt erst konstituierte, sind im TANNHÄUSER zwar vorgeformt, erscheinen jedoch verstreut und nicht aufeinander bezogen; und es wäre verfehlt, sie in ihrer Vereinzelung bereits als das zu deuten, was sie erst dadurch, daß sie zusammenwuchsen, geworden sind.

Erfüllen die Zitate aus der Venusberg-Musik, die im Sängerkrieg den musikalischen Diskurs unterbrechen, als stiegen sie aus dem Unbewußten auf, insofern die Funktion von Leitmotiven, als sie an Früheres erinnern und die verschiedenen Teile des Dramas psychologisch verknüpfen, so heben sie sich doch von den Leitmotiven der RING-Tetralogie dadurch ab, daß sie in den musikalischen Text gleichsam von außen eingefügt erscheinen, statt dessen Substanz oder tragendes Gerüst zu bilden. Sie haben den Charakter von Interpolationen, von Zusätzen; und es ist bezeichnend, daß Wagner in der Pariser Fassung der Venusarie die Reminiszenzen an das Bacchanale, die in der Dresdener Version die Teile der Arie miteinander verklammerten, streichen konnte, ohne daß die melodische Struktur dadurch gefährdet worden wäre.

Aus dem Periodenschema der Melodie fielen die Erinnerungsmotive – gleichsam als musikalische Parenthesen – heraus.

Umgekehrt stellen in der Romerzählung, der Schilderung von Tannhäusers Pilgerfahrt, die als musikalisch-dramatisches Zentrum des dritten Aktes erscheint, die Motive, die primär Orchestermotive sind, das Gerüst dar, von dem die musikalische Konstruktion getragen wird; sie sind konstitutiv, nicht akzessorisch. Doch haben sie, im Unterschied zu den Motiven der Venusberg-Musik, nicht die Bedeutung von Leitmotiven; sie bleiben auf die Romerzählung beschränkt, statt zu einem Motivgewebe ausgesponnen zu werden, das sich über das ganze Drama erstreckt. (Daß das Instrumentalvorspiel zum dritten Akt, das abstrakt musikalische Gegenbild zur Romerzählung, außer Reminiszenzen an Früheres auch Antizipationen von Motiven der Romerzählung enthält, ist eher aus dem Zusammenhang mit der Ouvertürentradition als aus dem mit der Leitmotivtechnik zu verstehen.)

Entwicklungsgeschichtlich entscheidend war die musikalische Satzstruktur, die *Tonsatzkonstruktion*, wie Wagner sie nannte. Ohne deren tief eingreifende Umformung wäre die Leitmotivtechnik, der Gedanke, das System der Leitmotive über ein ganzes Werk auszubreiten, ein abstraktes Konzept ohne Halt an der musikalischen Wirklichkeit geblieben: eher die Idee eines Dichters als die eines Komponisten.

Als Dokument des kompositionstechnischen Übergangs, einer Stufe zwischen einem Nicht-mehr und einem Noch-nicht, ist die Romerzählung von paradigmatischer Bedeutung. In ihr zeichnet sich das Problem ab, als dessen Lösung dann im RING die musikalische Satzstruktur erscheint, die das Korrelat oder Fundament der Leitmotivtechnik bildet.

Das Anfangsmotiv der Erzählung, das deren ersten Teil (*Inbrunst im Herzen*) charakterisiert, hält sich unentschieden in der Mitte zwischen einer den Gesang stützenden Orchesterfigur, wie sie in einer Liedbegleitung vorstellbar wäre, und einem Leitmotiv im Sinne der RING-Tetralogie.

Das Motiv ist expressiv und deutlich umrissen: eine musikalische Geste von unmißverständlichem Ausdrucksgehalt. Aber es ist nicht so profiliert und drastisch, als daß es nicht eine fünffache Wiederholung ohne Unterbrechung durch andere Motive durchaus ertrüge: eine ostinate Repetition, wie sie bei einem der hervorstechenden Leitmotive der RING-Tetralogie kaum denkbar wäre. Und in dem Maße, in dem das Motiv den Charakter einer Begleitfigur hat, die sich nicht vordrängt, läßt es der Vokalmelodik Raum, einer Melodik, die zwischen Deklamation und Arioso in geglücktem Ausgleich vermittelt. Daß es dem Orchestermotiv an Selbständigkeit und Drastik fehlt, kommt dem melodischen Fluß zugute.

Umgekehrt ist das Hauptmotiv des zweiten Teils (*Nach Rom gelangt' ich so*), das einen melodischen Typus des PARSIFAL vorausnimmt, so prägnant und in sich geschlossen, daß die Gesangsstimme, mindestens tendenziell, auf bloße Tonrepetition beschränkt wird.

Sie bildet sozusagen eine vokale Folie für das Instrumentalmotiv.

Entweder drängt also die Gesangsmelodik das Orchestermotiv zurück oder das Orchestermotiv die Gesangsmelodik. Das Verhältnis zwischen Vokal- und Instrumentalpart ist noch prekär und unausgeglichen. Doch zeichnet sich, als Vermittlung zwischen den kompositionstechnischen Extremen, die in der Romerzählung nebeneinanderstehen, die Idee eines Tonsatzes ab, in dem arios-deklamatorische Vokalmelodik und expressiv-allegorische Orchestermotivik ineinandergreifen: eine Idee, zu der sich Wagner im TANNHÄUSER vortastete, ohne daß er sie bereits verwirklicht hätte.

Lohengrin

1

LOHENGRIN, von Wagner *romantische Oper* genannt, ist das Paradox einer tragischen Märchenoper in der äußeren Form eines Historiendramas. Gegensätze, die sich auszuschließen scheinen, Mythos und Geschichte, Märchen und Tragödie, sind zusammengezwungen, ohne daß Brüche fühlbar würden. Die *romantische Oper*, deren Kulmination LOHENGRIN darstellt, bewährt sich als «Universalpoesie».

Die Geschichte vom Schwanenritter, die den Kern der Lohengrinsage bildet, ist einer der Märchenstoffe, die den unausrottbaren Traum von der Rettung durch ein Wunder in ein unauslöschliches Bild fassen. «Ähnlicher Sagen von dem schlafenden Jüngling, den ein Schwan im Schiff dem bedrängten Lande herangeleitet, ist die niederrheinische, niederländische Dichtung des Mittelalters voll», schreibt Grimm in der «Deutschen Mythologie», die Wagner gelesen hat. Und daß Lohengrin den Zauber, der von ihm ausgeht, im selben Augenblick einbüßt, in dem er gezwungen wird, seinen Namen preiszugeben, ist gleichfalls ein Märchenmotiv, das in magische Ursprünge zurückreicht.

In Wolfram von Eschenbachs Parzival-Epos wurde der Mythos ins halb Geschichtliche versetzt. Loherangrin, Parzivals Sohn, wird von dem heiligen Gral, dessen Ritter er ist, nach Antwerpen gesandt, um die Herzogin von Brabant vor den Fürsten des Landes, die sie zur Heirat drängen, zu schützen. Das Frageverbot ist ins Christliche gewendet, ohne daß es seine Märchenherkunft verleugnen könnte. (Zitiert sei nach San Martes Übersetzung von 1835, die Wagner benutzte.)

«Frau Herzogin, viel büß' ich ein,
soll ich hier Landesherrscher sein.
Hört meine Bitte ernst und frei:
Niemalen fragt mich, wer ich sei?
Nur so bin ich für euch erkoren.
Fragt ihr, so bin ich euch verloren!
Seid denn gewarnt. Mich warnet Gott.
Er weiß den Grund von dem Gebot.
Sie gab ihr Frauenwort darauf –
doch Liebe hob es später auf –,
nie sein Gebot zu übertreten,
und stets zu tun, wie er gebeten.»

39

Die tragische Dialektik, die in Wagners Drama die Handlung beherrscht, ist bei Wolfram angedeutet: Es ist Elsas Liebe, die sie dazu treibt, das Gebot zu verletzen, an das die Verwirklichung ihrer Liebe geknüpft ist. Das, worin sie sich ausdrückt, führt zu ihrer Zerstörung.

Wolframs Entwurf einer Erzählung wurde in einem anonymen Lohengrin-Epos des späteren 13. Jahrhunderts, dessen irrige Zuschreibung an Wolfram nur durch das Unbehagen am Namenlosen zu entschuldigen ist, zu Tausenden von Versen ausgesponnen. Aus dem Stoff, den es anhäufte (und in dem das Martialische vorherrscht), übernahm Wagner einzig die Versetzung der Handlung in die Zeit König Heinrichs I. und der Ungarnkriege sowie das Motiv, daß Graf Friedrich von Telramund, der Anspruch auf Elsa und den Thron von Brabant erhebt, von Lohengrin in einem Zweikampf, der den Anspruch als Lüge entlarvt, erschlagen wird.

Wagner griff in die Epenhandlung, die er als *dürftig* und *platt* empfand, dadurch ein, daß er sie durch Märchen- und Zaubermotive ergänzte, also gleichsam den Prozeß der Historisierung, dem sie im Mittelalter unterworfen war, umkehrte. Lohengrins weißer Magie setzte er die heidnisch schwarze entgegen, die Ortrud, Friedrich von Telramunds Frau, ausübt. Und wenn es in einem Brief vom 4. August 1845 heißt: *Meine Erfindung und Gestaltung hat bei dieser Schöpfung den größten Anteil,* so ist vor allem die Gestalt der Ortrud gemeint, die in der äußeren Handlung des Dramas, deren treibende Kraft sie ist, den szenisch-sinnfälligen Widerpart zu Lohengrin darstellt. Ortrud verwandelt Elsas Bruder Gottfried in einen Schwan: den Schwan, der dann Lohengrin von der Gralsburg Monsalvat nach Antwerpen bringt; und sie stiftet Telramund an, Elsa des Mordes an ihrem Bruder anzuklagen. (Telramund ist bei Wagner ein betrogener Betrüger.) Und schließlich ist es Ortrud, die später, nach Lohengrins Sieg über Telramund, in Elsa Angst und Zweifel weckt, so daß der innere Zwang, die verbotene Frage zu stellen, übermächtig wird. Ortrud ist der Antagonist, durch dessen Erfindung die Umwandlung des Epos in ein Drama möglich wurde. Und es ist charakteristisch für Wagner, daß er den dramatischen Antagonismus zum weltgeschichtlichen – zum Gegensatz zwischen Heiden- und Christentum – stilisierte. Er brauchte, um musikalisch produktiv zu werden, den Blick ins Weite.

Daß LOHENGRIN in manchen Szenen als Historiendrama, als Staatsaktion mit dekorativen Aufzügen und Tableaux erscheint, die an RIENZI und die Große Oper erinnern, darf nicht als bloßes Relikt einer älteren Entwicklungsstufe, als Rückfall hinter das im TANNHÄUSER Erreichte, mißverstanden werden. Die Klassifikation nach groben Stilmerkmalen, die historische «Einordnung» von oben herab, verfehlt das

Entscheidende: die Begründung im Dramaturgischen. Der Konflikt, dem Lohengrin – Undine in Gestalt eines Ritters – ausgesetzt ist, der Gegensatz zwischen der überirdischen Welt, aus der er stammt, und der irdischen, nach der er sich sehnt, bliebe unverständlich und blaß, wenn nicht die untere, diesseitige Wirklichkeit deutlich gekennzeichnet wäre: durch geschichtliche Färbung und Lokalisierung. Im Unterschied zur RING-Tetralogie, in der Reales und Surreales fast bruchlos ineinander übergehen, als gehörten sie der gleichen Sphäre an, sind im LOHENGRIN die Bereiche scharf voneinander getrennt. Und der Gegensatz darf nicht verwischt werden, wenn die Tragik Lohengrins, die in unaufhebbarer Fremdheit begründet ist, sinnfällig werden soll. «Stilistische» Einheit wäre ein dramaturgischer Mangel.

Nicht, daß Wagner noch zum Historiendrama um seiner selbst willen tendierte; das Geschichtliche im LOHENGRIN ist Kontrastfolie. Und daß Wagner, gestützt auf Jacob Grimms «Rechtsaltertümer», historische Einzelheiten mit fast pedantischer Sorgfalt ausmalte, erinnert in der künstlerischen Gesinnung an die Orchestertechnik, die er gleichzeitig entwickelte: an das Verfahren, Nebenstimmen mit melodisch selbständigen Phrasen auszustatten, die einen expressiven Vortrag zulassen. Man hört sie zwar nicht als gesonderte Stimmen; daß sie etwas zu sagen haben, trägt jedoch, obwohl man es nicht im einzelnen wahrnimmt, zur Fülle und Differenzierung des Ganzen bei. Wagner, der musikalische al-fresco-Maler, war zugleich ein Miniaturist – um der reicheren al-fresco-Wirkung willen.

Daß LOHENGRIN, mindestens partiell, als Historiendrama erscheint, ist jedoch nicht nur dramaturgisch, sondern auch ästhetisch von Bedeutung: Es rechtfertigt, operngeschichtlich gesehen, den tragischen Schluß, der in der Oper um die Mitte des 19. Jahrhunderts noch ungewöhnlich war. Als Norm durchgesetzt hatte er sich einzig in der Großen Oper Meyerbeers und Halévys, die ein musikalisches Historiendrama war. Und daß Wagner im LOHENGRIN an der Verknüpfung des Tragischen mit dem Historischen festhielt, verrät, daß er von der Operntradition, gegen die er polemisierte, in manchen Zügen noch abhängig war.

Daß die Oper des 18. und des frühen 19. Jahrhunderts, die ihre Stoffe primär im antiken Mythos und später auch im Märchen suchte, an die ästhetische Norm des glücklichen Endes gebunden war, darf nicht als bloße Konvention abgetan werden, sondern läßt sich auch aus der Natur der Sache heraus begreiflich machen. Wenn in der Oper die Musik vorherrscht und der Gattung die Gesetze vorschreibt, tendiert sie unwillkürlich – um es in der Sprache des 18. Jahrhunderts auszudrücken – zum «Wunderbaren»: zum Mythos oder Märchen. Und umgekehrt liegt in einer Oper, deren Gegenstand das «Wunderbare» ist, die Hegemonie der Musik nahe, die das Surreale theatralisch glaubwürdig macht. Von Musik aber geht eine versöhnende Wirkung aus. Selbst durch eine Häufung von Schrecken lassen wir uns das Gefühl nicht austreiben, daß es dort, wo gesungen wird, so schlimm nicht sein kann, wie es zu sein scheint. Daß nicht nur Orpheus, sondern auch die Furien in Glucks Oper singen, statt zu sprechen, erfüllt uns mit Hoffnung; denn von einer Wut, die sich durch Gesang äußert, ist zu erwarten, daß sie sich besänftigen läßt. Das glückliche Ende des «Orpheus» ist Gluck von manchen Ästhetikern zum Vorwurf gemacht und als Zugeständnis an ein Publikum erklärt worden, dem die Strenge der antiken Tragödie unerträglich gewesen sei. Dasselbe Publikum aber zeigte im Schauspiel ein Vergnügen an tragischen Gegenständen, das selbst durch extreme Härten nicht zu stören war; und daß es in der Oper ein glückliches Ende forderte, besagt nichts anderes, als daß es aus der Musik eine versöhnende Wirkung heraushörte, die bei der Auflösung des tragischen Knotens zu ihrem Recht kommen sollte.

Umgekehrt ist es das musikalische Historiendrama, das einerseits – mindestens der ästhetischen Idee nach – durch seine Nähe zur Realität die Herrschaft der Musik einschränkt und andererseits die Möglichkeit eines tragischen Schlusses offenläßt. Von der ästhetischen Legitimität des Lohengrin-Schlusses war Wagner allerdings selbst nicht restlos überzeugt. Er hat sich zweimal, in Dresden durch Hermann Franck und später durch Adolf Stahr, beirren lassen und einen Augenblick lang geglaubt, den Schluß ändern zu müssen. Und die Zweifel sind – zwar nicht dramaturgisch, aber gattungsästhetisch – durchaus begreiflich. Denn Lohengrin hält sich in einer prekären Mitte zwischen einem Historiendrama und einer Märchenoper.

2

Als *romantische Oper* ist Lohengrin die vollendete Ausprägung eines Musters, das in Webers «Euryanthe» vorgezeichnet war. Das frühere Werk ist in dem späteren gleichsam aufgehoben, als wäre es dessen Vorform. Und daß «Euryanthe» zu den Opern gehört, die berühmt und dennoch verschollen sind, ist nicht nur dem unsäglich schlechten Text, sondern auch dem Mißgeschick zuzuschreiben, daß sie aus dem Repertoire – auch aus dem ideellen, das bestimmte Positionen kennt, die nur einmal besetzt sein können – durch Lohengrin verdrängt worden ist, kaum anders als Rossinis «Otello» durch den von Verdi. (Es ist manchmal schwierig und fast unmöglich, gegen das ästhetische Gesetz der Unvergleichbarkeit der Werke nicht zu verstoßen.)

So wenig Webers Adolar, dumm wie ein Held und außerdem schwach, neben Lohengrin gestellt werden kann, so unleugbar ist die Ähnlichkeit von Euryanthe und Elsa, und das Intrigantenpaar, Lysiart und Eglantine, erscheint geradezu als Modell zu Telramund und Ortrud. Die Übereinstimmung ist allerdings bloß die Folie, vor der sich die Differenzen, die entscheidend sind, um so deutlicher zeigen. Telramund, der betrogene Betrüger, ist als Dramengestalt einleuchtender als der Zyniker Lysiart, dessen Perfidie grundlos ist, ohne deswegen geheimnisvoll zu sein; und Ortrud, die eine Gegenwelt zu der des Grals repräsentiert, erhebt sich unermeßlich über die triviale Eifersucht Eglantines. Die Romantik ist im Text der «Euryanthe» – nicht in der Musik – bloße Verkleidung; die Handlung ist die eines gewöhnlichen Intrigenstücks, dessen Stilfassade auswechselbar wäre; und am glücklichen Ende, dem die Ereignisse zustreben, entsteht niemals, auch nicht in den Augenblicken schlimmster Verwirrung, ein Zweifel. Dagegen ist es im LOHENGRIN gerade umkehrt die Katastrophe, die unabwendbar erscheint: eine Katastrophe, die von innen heraus motiviert ist. Die Intrige, scheinbar das bewegende Moment, ist in Wahrheit nichts als der Reflex, den die innere Handlung nach außen wirft, um szenisch sinnfälliger zu werden oder sich überhaupt erst als Drama konstituieren zu können.

Das Frageverbot, das Lohengrin verhängt, ist unerfüllbar; auch ohne Ortruds Eingreifen müßte Elsa es verletzen – und sei es, wie in dem mittelalterlichen Lohengrin-Epos, erst nach Jahren. «Eben in der Unentrinnbarkeit des Konfliktes lag» – im Vergleich zu TANNHÄUSER – «das entscheidende Steigerungsmoment. Diese Unentrinnbarkeit, die sich im Theatersinne als Tragik darstellt, war das Primäre des Gesamtentwurfes, war die neue Gestaltungsidee» (Paul Bekker). Daß die Katastrophe unausweichlich ist, müßte eigentlich auch dem stumpfesten Zuschauer spätestens am Ende des zweiten Aktes, in der Szene vor dem Münster, zur Gefühlsgewißheit werden. Der *Zweifel* – wie sie den Impuls nennt, der sie zum Aussprechen der Frage drängt – wird zwar von Elsa noch unterdrückt, aber nicht mehr geleugnet:

> *Hoch über alles Zweifels Macht*
> *... soll meine Liebe stehn!*

Der Anfang des dritten Aktes, die Szene im Brautgemach, ist nichts als eine Verzögerung. Daß die Szene immer wieder zu trivialem Spott herausfordert, beruht auf isolierender Wahrnehmung, die den dramatischen Zusammenhang verkennt und für das Zwielicht, in dem die Szene erscheint, unempfindlich ist. Bereits der Brautchor, der niemals aus dem Kontext herausgerissen werden dürfte, klingt anders, wenn man die Vergeblichkeit, die ihren Schatten über die Szene wirft, mithört. Die musikalische Harmlosigkeit, die dem Stück zu falscher Popularität verholfen hat, wirkt dann bedrückend.

1851, in der MITTEILUNG AN MEINE FREUNDE, schrieb Wagner: *Lohengrin suchte das Weib, das an ihn glaubte: das nicht früge, wer er sei und woher er komme, sondern ihn liebte, wie er sei und weil er so sei, wie er ihm erschiene. Er suchte das Weib, dem er sich nicht zu erklären, nicht zu rechtfertigen habe, sondern das ihn unbedingt liebe. Er mußte deshalb seine höhere Natur verbergen, denn gerade eben in der Nichtaufdeckung, in der Nichtoffenbarung dieses höheren – oder richtiger gesagt: erhöhten – Wesens konnte ihm die einzige Gewähr liegen, daß er nicht um dieses Wesens willen nur bewundert und angestaunt, oder ihm – als einem Unverstandenen – anbetungsvoll demütig gehuldigt würde, wo es ihn eben nicht nach Bewunderung und Anbetung, sondern nach dem einzigen, was ihn aus seiner Einsamkeit erlösen, seine Sehnsucht stillen konnte, – nach Liebe, nach Geliebtsein, nach Verstandensein durch die Liebe verlangte. Mit seinem höchsten Sinnen, mit seinem wissendsten Bewußtsein wollte er nichts anderes werden und sein, als voller, ganzer, warmempfindender und warmempfundener Mensch, also überhaupt Mensch, nicht Gott, d.h. absoluter Künstler. So ersehnte er sich das Weib, – das menschliche Herz. Und so stieg er herab aus seiner wonnig öden Einsamkeit, als er den Hilferuf dieses Weibes, dieses Herzens mitten aus der Menschheit da unten vernahm. Aber an ihm haftet unabstreifbar der verräterische Heiligenschein der erhöhten Natur; er kann nicht anders als wunderbar erscheinen; das Staunen der Gemeinheit, das Geifern des Neides wirft seine Schatten bis in das Herz des liebenden Weibes; Zweifel und Eifersucht bezeugen ihm, daß er nicht verstanden, sondern nur angebetet wurde, und entreißen ihm das Geständnis seiner Göttlichkeit, mit dem er vernichtet in seine Einsamkeit zurückkehrt.* LOHENGRIN als Tragödie des «absoluten Künstlers».

Die tragische Dialektik, die dem Werk zugrunde liegt, wird jedoch durch Wagners Kommentar, der durch die Stimmung der Jahre in der Verbannung geprägt ist, eher verdunkelt als erhellt. Sie besteht, formelhaft gesprochen, in nichts anderem, als daß das Ziel, das Lohengrin ersehnt, durch die Mittel, durch die er es zu erreichen sucht, durchkreuzt wird. Das Frageverbot, das er verhängt, um nicht angebetet, sondern geliebt zu werden, wäre für eine Anbetung, die sich in scheuer Distanz hält, erfüllbar, ist es jedoch gerade nicht für eine Liebe, die menschliches Maß hat. Indem Lohengrin die Fremdheit, an der er leidet, aufzuheben sucht, verfestigt er sie.

Wagner war, wie er in der MITTEILUNG AN MEINE FREUNDE schrieb, erstaunt und enttäuscht, daß Lohengrin, in dessen Tragik er seine eigene wiedererkannte, von manchen Beurteilern, und zwar nicht den schlechtesten, als *kalte und verletzende Erscheinung* empfunden wurde. Der Irrtum dürfte jedoch, so offenkundig er einer ist, nicht unverzeihlich sein. Da Lohengrin, obwohl er menschlich empfindet oder sich danach sehnt, niemals seine Herkunft verleugnen kann, liegt es nahe, seine Liebe zu Elsa als Gnade, die er erteilt, mißzuverstehen. Daß sie ein verletzliches und abhängiges Gefühl ist, wird nicht sinnfällig oder erst zu spät: in Lohengrins Klage im dritten Akt. In keinem Augenblick zeigt er eine Regung von Angst. Er ist, kaum anders als der Wotan der RING-Tetralogie, ein irdisch fühlender Gott; wird aber Wotan, trotz der nachdrücklichen musikalischen Unterstützung durch das Walhall-Motiv, durch die erbärmlichen Situationen, in die er gerät, daran gehindert, als glaubwürdiger Gott zu erscheinen, so ist es bei Lohengrin gerade umgekehrt schwierig, hinter der überirdischen Natur, die vor allem durch die Chorreaktionen immer wieder szenisch und musikalisch verdeutlicht wird, die menschliche zu erkennen.

Die dramaturgische Schwierigkeit aber färbt gleichsam auf die Musik ab. Als musikalisches Zentrum des dritten Aktes erscheint nicht Lohengrins Klage (*O Elsa! Was hast du mir angetan?*), ein melodisch eher uncharakteristisches Stück Opernmusik von manchmal unangenehmem Schwung, sondern die Gralserzählung (*In fernem Land*), die als Wiederkehr des instrumentalen Vorspiels in vokaler Umformung das Ende der eigentlichen, musikalisch ausgeprägten Handlung bezeichnet, deren Substanz das «Wunderbare» ist. Dem Irdischen, in das Lohengrin durch Elsas Traumerzählung herabgezogen wurde, wird er durch die Gralserzählung wieder entrückt: die episch-musikalische Darstellung erscheint als Verwirklichung dessen, was sie ausmalt; die Erzählungen, in denen die Handlung scheinbar stillsteht, enthalten in Wahrheit deren entscheidende Motive. Das aber bedeutet nichts Geringeres, als daß in der *romantischen Oper* die Musik, durch die Lohengrins Erscheinung als Realisierung von Elsas Traum überhaupt erst glaubwürdig wird, begründende Funktion erhält.

3

Richard Strauss, dem niemand Mangel an robustem Theatersinn vorwerfen kann, rühmte am LOHENGRIN eine Szene, die einem flüchtigen, in Vorurteilen über «Operndramatik» befangenen Hörer gerade als «undramatische» Verzögerung der Handlung erscheinen mag: das Ensemble *In wildem Brüten muß ich sie gewahren*, das am Ende des zweiten Aktes den Augenblick bezeichnet, in dem der Zweifel in Elsa übermächtig geworden ist und die Katastrophe sich dem Gefühl als unabwendbar aufdrängt, obwohl Elsa die verbotene Frage gerade noch zu unterdrücken vermag. Nichts ereignet sich; aber das tönende Innehalten – und was die Personen sagen, ist nichts als ein Substrat für Musik und ein in Worte gefaßtes erschrockenes Verstummen – ist beredter und von mächtigerer Wirkung, als es drastische «Operndramatik» sein könnte. Das «kontemplative» Ensemble, wie Strauss es nannte, ist in Wahrheit ein «dramatisches».

Das retardierende, verzögernde Wesen der Musik, das ihren dramatischen Charakter zu gefährden scheint, ist also in der Oper kein bloßer Mangel, der durch forcierte Theatralik ausgeglichen werden muß, sondern hängt eng und untrennbar mit einer Möglichkeit dramatischer Wirkung zusammen, die dem Schauspiel fehlt und nach der es, wenn nicht alles täuscht, doch manchmal zu verlangen scheint: mit der Möglichkeit, einem flüchtigen Augenblick irreale Dauer zu verleihen, ihn kontemplativ festzuhalten. Und vielleicht ist die Oper, entgegen einer verbreiteten Vorstellung von robuster Opernhandlung, dort ihrer Idee am nächsten, wo die Handlung – wie in der Münsterszene aus LOHENGRIN und in dem Quintett aus den MEISTERSINGERN – stillsteht und die Musik mehr zu sagen scheint, als die Personen wissen und aussprechen: eine Musik, die in der Oper den «Geist der Erzählung» repräsentiert, von dem Thomas Mann einmal sprach.

Das Zwiespältige der Situation, die das «kontemplative» Ensemble umschreibt, der Widerstreit zwischen bedrängendem Bewußtsein des Unabwendbaren und Resten von Hoffnung, prägt sich in der Harmonik, den Tonartenbeziehungen aus, wie denn Wagner stets, wenn auch summarisch, den expressiven und allegorischen Charakter seiner Harmonik betont hat, die als bloß formbildendes Prinzip nicht zu begreifen ist.

Als zusammenfassende Formel der Szene erscheint der Schluß: Neben dem f-Moll des Frageverbots in übermächtigem Fortissimo steht in dünnem Pianissimo das C-Dur des Schlußakkords: ein substanzloses, ausgehöhltes, gleichsam unglaubwürdiges Dur. Und nicht weniger bezeichnend ist der Anfang des Ensembles, der durch einen Tonartsprung, von a-Moll nach B-Dur, vom Vorausgegangenen abgehoben ist: Der Mangel an harmonischer Vermittlung wirkt als Zäsur, als Unterbrechung des musikalisch-dramatischen Fortgangs. Das B-Dur, scheinbar Tonart, ist jedoch, wie sich nach wenigen Takten zeigt, bloße Nebenstufe in c-Moll. Und in der Doppelfunktion des B-Dur prägt sich, wie in einer allegorischen Andeutung, die flüchtig aufblitzt, der Charakter des Ensemblesatzes im ganzen aus: sowohl das Moment des Ferngerückten, vom Handlungsverlauf Abgesetzten als auch das des

Zwielichtigen und Ungewissen. Die Harmonik ist «beredter» als die Melodik, die eigentliche musikalische «Sprache».

Symbolfunktion hat auch die Doppel- oder Mischtonart, c-Moll/Dur, die dem Ensemble zugrunde liegt: eine in sich widerspruchsvolle, zerspaltene Tonart, die um die Mitte des 19. Jahrhunderts eher verwirrend gewirkt haben mag, als daß sie in ihrer Bedeutung verstanden worden wäre. Der Moll-Dur-Kontrast wird jedoch nicht als primitive Formel, als musikalisches Schlagwort, exponiert, sondern dadurch umschrieben, daß Untertonarten zu C-Dur, e-Moll oder a-Moll, neben c-Moll gerückt werden und umgekehrt Untertonarten zu c-Moll, Es-Dur oder f-Moll, neben C-Dur. C-Dur erscheint erst explizit, nachdem es unausgesprochen bereits vorausgenommen worden ist: als Vermittlung zwischen e-Moll und c-Moll, deren Kontrast ohne mitgedachtes C-Dur unverständlich bliebe, ein blinder Fleck der Harmonik.

In der Relation zwischen Haupt- und Untertonarten drückt sich andererseits eine Paradoxie, die Verschränkung von Stillstand und Unruhe aus, die insgesamt den Charakter des Ensemblesatzes ausmacht. Die Teiltonarten sind, so abrupt sie sich manchmal voneinander abheben, nicht Stationen eines auf ein Ziel gerichteten harmonischen Fortgangs, eines Modulationsweges, der durchmessen würde, sondern bloße Umschreibungen des Moll-Dur-Kontrastes, den sie in verschiedenen Färbungen zeigen. Und die kompositionstechnische Voraussetzung der paradoxen Gleichzeitigkeit von unruhigem Wechsel und entwicklungslosem Beharren ist die Doppeltonart, die allegorische Signatur der Szene: Ein Kontrast zu c-Moll erweist sich, statt eine harmonische Progression in Gang zu setzen, nach wenigen Takten als Paraphrase von C-Dur, des anderen Moments der Mischtonart, und umgekehrt ein Kontrast zu C-Dur als Paraphrase von c-Moll.

Die musikalische Einheit eines Musikdramas ist nach Wagners Anspruch, die Tragödie aus der Symphonie und die Symphonie aus der Tragödie zu begründen oder zu rechtfertigen, der eines Symphoniesatzes analog. *Dennoch muß die neue Form der dramatischen Musik, um wiederum als Musik ein Kunstwerk zu bilden, die Einheit des Symphoniesatzes aufweisen, und dies erreicht sie, wenn sie im innigsten Zusammenhang mit demselben* [dem Drama] *über das ganze Drama sich erstreckt, nicht nur über einzelne kleinere, willkürlich herausgehobene Teile desselben.* Die symphonische Form des musikalischen Dramas aber ist, nicht anders als die Leitmotivtechnik, mit der sie eng zusammenhängt, keinem Schema unterworfen, sondern muß bei jedem Werk in ihren Prinzipien und Mitteln neu bestimmt werden.

Stellte im Fliegenden Holländer die Ballade der Senta, als *zusammenfassendes thematisches Bild*, den Ausgangspunkt der Komposition dar, so suchte Wagner, wie er in der Mitteilung an meine Ffreunde schrieb, im Lohengrin eine ähnliche Einheit zu verwirklichen: *nur daß ich hier nicht von vornherein ein fertiges musikalisches Stück, wie jene Ballade, vor mir hatte, sondern das Bild, in welches die thematischen Strahlen zusammenfielen, aus der Gestaltung der Szenen, aus ihrem organischen Wachsen aus sich, selbst erst schuf und in wechselnder Gestalt überall da es erscheinen ließ, wo es für das Verständnis der Hauptsituationen nötig war.* Ziel einer Analyse des Lohengrin wäre es demnach, Wagners Metapher in musikalische Begriffe zu übersetzen und sich bewußt zu machen, was mit dem Bild gemeint ist, in das die *thematischen Strahlen* zusammenfallen.

Die Anzahl der melodischen Motive oder Themen, die für die innere, musikalisch dargestellte Handlung konstitutiv sind, ist im Lohengrin, anders als in der Ring-Tetralogie (und sogar im Rheingold), noch gering. (Motive wie die Königsfanfare oder das musikalische Emblem des Gottesurteils, die durch ihre Herkunft aus der Bühnenmusik geprägt sind, bleiben peripher, obwohl sie unablässig wiederkehren: Sie sind musikalische Requisiten ohne Bedeutung für das *symphonische Gewebe*.) Und ein zweites Merkmal, das die Motivtechnik im Lohengrin vom Leitmotivverfahren im engeren Sinne, das erst in der Ring-Tetralogie entwickelt wurde, auffällig unterscheidet, ist die Befangenheit in der rhythmischen *Quadratur der Tonsatz-Konstruktion*, die Wagner später vermied und verpönte. Die Hauptmotive werden sämtlich als reguläre, geschlossene Perioden mit Vorder- und Nachsatz exponiert; die Abweichungen von der Norm sind geringfügig.

Das Gralsmotiv schließt im achten Takt auf der Dominante statt der Tonika, ist also, entgegen der Regel, harmonisch offen.

Der Nachsatz des Elsamotivs, der zuvor mit einem anderen Vordersatz verbunden war, wirkt im Elsamotiv eher angestückt als aus dem Vordersatz entwickelt.

Im Lohengrinmotiv ist der Nachsatz (den zu zitieren überflüssig ist) durch Sequenzen von vier zu neun Takten erweitert, ohne daß aber das Gerüst der «Quadratur» unkenntlich würde.

Das Frageverbot besteht aus der Wiederholung einer Zweitakt-Phrase und einem ungeteilten Nachsatz von vier Takten,

das Ortrudmotiv umgekehrt aus einem ungeteilten Vordersatz und der Wiederholung einer Zweitakt-Phrase, die allerdings keinen Abschluß bildet.

Im Verlauf der Oper, die nach Wagners Anspruch zugleich ein *symphonisches Gewebe* bildet, werden die thematischen Perioden in Halbsätze und Teilmotive zerlegt, um erst am Ende in periodischer Geschlossenheit wiederzukehren: ein Verfahren, das an die Durchführungs- und Reprisentechnik der Symphonie erinnert und geschichtlich von ihr abhängig ist. Vorder- und Nachsatz werden voneinander getrennt, und die Themen schrumpfen schließlich zu kurzen Zitaten, die immer dann, wenn die innere oder äußere Handlung es nahelegt, in den musikalischen Text zwanglos eingefügt werden können, ohne daß kompositionstechnische Schwierigkeiten entstehen. Von einer Reduktion zu sprechen, ist allerdings streng genommen fragwürdig; denn es sind jeweils die ersten Takte der Themen, des Frageverbots, des Grals- und des Lohengrinmotivs, die deren eigentliche Substanz, den Ausgangspunkt der musikalischen Konzeption bilden. Die thematischen Perioden sind das Resultat einer Ausspinnung der Motive, nicht umgekehrt die Motive das Ergebnis einer Zerteilung der thematischen Perioden. Die Periodenstruktur, die *Quadratur der Tonsatz-Konstruktion*, ist sekundär.

Andererseits fühlte sich Wagner im LOHENGRIN noch an die reguläre Syntax, die Schematik der Vier- und Achttakt-Gruppen gebunden, die das Gerüst, den festen Halt des Tonsatzes bilden, der sonst in isolierte deklamatorische und ariose Phrasen auseinanderfallen würde. Die Idee der Leitmotivtechnik im engeren Sinne, der Gedanke, daß die «quadratische» Periodenstruktur überflüssig wird und in musikalische Prosa aufgelöst werden kann, sobald statt dessen ein dichtes Netz von Motivverknüpfungen den musikalisch-formalen Zusammenhalt verbürgt, ist erst in der RING-Tetralogie verwirklicht worden.

Im LOHENGRIN dehnen sich die Motive entweder zu thematischen Perioden aus, oder sie fallen, reduziert zu kurzen Zitaten, als Interpolationen aus der Periodenstruktur, dem tragenden Gerüst des musikalischen Textes, heraus und erscheinen als Zusätze, die primär dichterisch-dramatisch, also «von außen» begründet sind. Allerdings werden bei genauem Hören die Einzelmotive an die thematischen Perioden, aus denen sie stammen, in Gedanken angeknüpft. Daß sie musikalisch-formal nicht funktionslos, keine bloßen Einsprengsel sind, sondern als Teilmomente einer Entwicklung aufgefaßt werden können, verdanken sie, ähnlich den Fragmenten einer Themengruppe in einer symphonischen Durchführung, dem Rückbezug auf die Exposition, als deren Konsequenz sie erscheinen. Und daß es die Anknüpfung an eine Exposition ist, die den Motivzitaten – neben der primär dichterisch-dramatischen Funktion, die sie erfüllen – auch einen musikalisch-formalen Sinn gibt, dürfte der Sachverhalt sein, der es Wagner nahelegte, von einem *Bild* zu sprechen, in das die *thematischen Strahlen zusammenfallen*.

Die Kategorien «progressiv» und «konservativ» geraten bei Wagner in eine eigentümliche Verwirrung, in der das musikalische Moment dem dramatischen widerspricht. Daß der Dialog Telramund–Ortrud zu Anfang des zweiten Aktes die musikalisch avancierteste Szene des Lohengrin ist, läßt sich nicht als Zufall abtun, sondern bezeichnet ein Dilemma, das immer wiederkehrt: Es sind die «Widersacher», Venus im Tannhäuser, Ortrud im Lohengrin und Beckmesser in den Meistersingern, deren musikalische Sprache sich ins Ungewohnte vorwagt. Und das bedeutet, daß Wagner, der «progressive» Komponist, durch die Konstruktion der dramatischen Handlung dazu gezwungen ist, der musikalischen Tradition, dem Liedertonfall eines Wolfram von Eschenbach oder eines Walter Stolzing, das letzte Wort zu lassen.

Zu Anfang des Dialogs Telramund–Ortrud scheint das konventionelle musikalische Szenengerüst noch durch: Rezitative, nur sporadisch durch expressive oder gestische Motive fundiert, bilden die Folie zu einer Arie Telramunds (*Durch dich mußt' ich verlieren*), die in reguläre Achttakt-Perioden gegliedert ist und über die Entwicklungsstufe, die Lysiarts Arie in «Euryanthe» repräsentiert, nicht hinausgeht. Und auch der Schluß der Szene tendiert zum Herkömmlichen, wie denn Wagner fast immer an Schlüssen dazu neigt, die Modernität der Theaterwirkung zu opfern.

Der Mittelteil aber (*Du wilde Seherin*) antizipiert die Technik der Ring-Tetralogie. Die Vokalmelodik vermittelt bruchlos, ohne daß die heterogenen stilistischen Voraussetzungen noch als solche fühlbar würden, zwischen Rezitativ und Arioso. Rhythmisch – und das ist entscheidend – ist sie irregulär: Zweitakt-Gruppen wechseln mit Phrasen, die 1½ oder 2½ Takte umfassen. Das Prinzip der rhythmischen Korrespondenz oder Ergänzung – ein formbildendes Prinzip, das dem Hörer erlaubte, durch Zusammenfassung von Zweitakt-Phrasen zu Viertakt-Gruppen und von Viertakt-Gruppen zu Achttakt-Perioden immer größere Teile als Einheit wahrzunehmen, bis schließlich das Ganze als plastische, überschaubare Form erschien – ist preisgegeben; die irreguläre Länge der Phrasen wirkt isolierend. Den Ausgleich und Widerpart zur Auflösung der rhythmischen «Quadratur» in «Prosa», der «geschlossenen» in eine «offene» Syntax, stellt nun aber die Fundierung des Tonsatzes durch wiederkehrende Motive dar. Der Dialog Telramund–Ortrud wird fast durchwegs durch Orchestermotive gestützt, die zusammen und in Wechselwirkung mit den Vokalphrasen die «Melodie» in dem Sinne bilden, in dem Wagner den Begriff verstand. Und die Motive – das Ortrudmotiv (das eher eine Motivgruppe ist) als Grundla-

ge, ergänzt durch das Thema des Frageverbots und durch eine Akkord-
sequenz, die Ortrud als Zauberin charakterisiert (und an die «Schlaf-
harmonien» aus dem RING erinnert) – erscheinen, im Unterschied zu
den sporadischen Motivzitaten in dem «konservativeren» Dialog oder
Duett Lohengrin–Elsa, nicht als Zusätze zum musikalischen Text, sondern als dessen Substanz. Ein entscheidendes Moment des Leitmotivsy-
stems – die kompositionstechnische Grundlage des Verfahrens, ohne
die der Gedanke, die Idee eine leere Utopie geblieben wäre – ist damit
in einem Modellfall vorausgenommen.

Tristan und Isolde

1

TRISTAN, von Wagner mit einer Simplizität, die gerade nicht unauffällig ist, als *Handlung* (nicht als «musikalisches Drama») bezeichnet, ist nach gewöhnlichen Begriffen, denen er sich entzieht, weder ein Drama noch ein szenisches Epos. Was sich im zweiten Akt, dem Zentrum des Werkes in einem mehr als äußerlichen Sinne, als lautlose Katastrophe vollzieht, ereignet sich ohne Handlung und eigentlich sogar ohne Worte: Das Zwiegespräch Tristans und Isoldes ist der Antithetik des traditionellen Dramas so weit entrückt, daß es beinahe gleichgültig erscheint, wer redet, ob Isolde oder Tristan; die Sätze und Satzfragmente sind austauschbar und werden auch manchmal ausgetauscht.

Andererseits sind die Spuren der epischen Herkunft des Stoffes fast restlos ausgelöscht. Der Reichtum an Episoden, den das Epos Gottfrieds von Straßburg ausbreitete, ist reduziert, die Handlung in wenige Szenen zusammengedrängt: mit einer Energie der Konzentration, die Gottfried Keller, so verschieden sein dichterisches Gefühl von dem Wagners war, rückhaltlos bewunderte.

Als Wagner versuchte, die Umrisse des TRISTAN in Worte zu fassen, schrumpfte unwillkürlich die äußere Handlung zu kargen Andeutungen und die innere trat als die allein entscheidende hervor: *Der treue Vasall hatte für seinen König diejenige gefreit, die selbst zu lieben er sich nicht gestehen wollte, Isolden, die ihm als Braut seines Herren folgte, weil sie dem Freier selbst machtlos folgen mußte. Die auf ihre unterdrückten Rechte eifersüchtige Liebesgöttin rächte sich: den, der Zeitsitte gemäß für den nur durch Politik vermählten Gatten durch die vorsorgliche Mutter bestimmten Liebestrank läßt sie durch ein erfindungsreiches Versehen dem jugendlichen Paare kredenzen, das, durch seinen Genuß plötzlich in hellen Flammen auflodernd, sich gestehen muß, daß nur sie einander gehören. Nun war des Sehnens, des Verlangens, der Wonnen und des Elendes der Liebe kein Ende: Welt, Macht, Ruhm, Glanz, Ehre, Ritterlichkeit, Treue, Freundschaft, alles wie wesenloser Traum verstoben: nur Eines noch lebend: Sehnsucht, Sehnsucht, unstillbares, ewig neu sich gebärendes Verlangen – Schmachten und Dürsten; einzige Erlösung – Tod, Sterben, Untergehen, Nichtmehrerwachen!*

Vom dritten Akt, von Tristans Verwundung, Flucht nach Kareol und qualvollem Warten auf *die Ärztin Isolde* – um von König Markes

Versöhnung aus Mißverständnis zu schweigen – ist in Wagners Handlungsskizze nicht die Rede. Und das bedeutet, daß die «Ereignisse», die erzählbar wären, nichts anderes als der äußere Vollzug dessen sind, was als innerer Vorgang in dem «ereignislosen» Zwiegespräch des zweiten Aktes vorausgenommen worden war: *einzige Erlösung – Tod, Sterben, Untergehen, Nichtmehrerwachen!*

Die *Handlung,* auf die der Untertitel des Tristan verweist, ist also die innere. Indem Wagner «Drama» durch *Handlung* ersetzte und übersetzte, so daß man stutzt und sich den ursprünglichen Sinn des als Gattungsbezeichnung verschlissenen Wortes «Drama» bewußt macht, versuchte er anzudeuten, daß im Tristan das innere Drama, auf das es ankommt, aus der Verkrustung durch das äußere, das Gedränge der Ereignisse, befreit sei. Der Rückgang zum Wesen der Sache, wie Wagner es verstand, drückt sich aus in der Übersetzung des Wortes, die dessen eigentliche Bedeutung wiederherstellt. *Ein Blick auf das Volumen dieses Gedichtes,* schrieb Wagner 1860 in Zukunftsmusik über Tristan, *zeigt Ihnen sofort, daß ich dieselbe ausführliche Bestimmtheit, die vom Dichter eines historischen Stoffes auf die Erklärung der äußeren Zusammenhänge der Handlung zum Nachteil der deutlichen Kundmachung der inneren Motive angewendet werden mußte, nun auf diese letzteren einzig anzuwenden mich getraute … Die ganze ergreifende Handlung kommt nur dadurch zum Vorschein, daß die innerste Seele sie fordert, und sie tritt so an das Licht, wie sie von innen aus vorgebildet ist.*

Ein entscheidendes Moment: daß sich das Drama, mindestens das neuzeitliche, im Dialog konstituiert, der das eigentliche Medium der Handlung ist, wurde allerdings von Wagner verkannt, als er Tristan zum Inbegriff einer «Handlung» – und das bedeutet: eines «Dramas» – erklärte. Nicht, daß es dem Werk an dramatischer Dialektik mangelte; gerade die Substanz des Zwiegesprächs im zweiten Akt ist dialektisch. Aber sie entwickelt sich, entgegen den Normen des Dramas, nicht dialogisch, nicht zwischen den Personen, sondern in ihnen, als gemeinsamer innerer Vorgang.

2

Der Liebestrank, in Gottfrieds Epos ein wirkendes, wenn auch nicht ganz ernstgenommenes Moment der Handlung, ist bei Wagner eher ein Symbol, allerdings ein vertracktes: ein dialektisches Rätselbild. Daß er, anders als der fatale Trank in der Götterdämmerung, nichts hervorbringt, sondern Bestehendes, aber Verschwiegenes offenbar macht, ist offenkundig und wurde niemals verkannt. Schwieriger ist es, die Dialektik von Liebes- und Todestrank zu entwirren, die sich nicht in der

einfachen Vertauschung der Tränke durch Brangäne, das schuldig-un-
schuldige Werkzeug des Schicksals, erschöpft. Daß er der Todestrank
sei, ist die Täuschung, die Tristan und Isolde dazu bringt, den Liebestrank zu trinken. Der Irrtum aber ist ein Instrument der Wahrheit;
Schein und Wesen, Todes- und Liebestrank geraten in ein Zwielicht, in
dem sie fast ununterscheidbar werden. Nur als geglaubter Todestrank
ist der Trank überhaupt ein Liebestrank: Weil Tristan und Isolde den
Tod getrunken haben, gestehen sie sich eine Liebe, die sie sonst ver-
schwiegen hätten, so offenkundig und ihnen selbst bewußt sie war.

Ist es Todessehnsucht, die sich durch den Trank in Liebe verkehrt,
so war es zuvor Liebe, aus der die Todessehnsucht erwuchs. Der Tod
war für Tristan und Isolde der einzige Ausweg aus der Verstrickung einer vom Verhängnis gezeichneten Liebe. Die Vorgeschichte ist von
Gewalttat erfüllt. Tristan erschlug Isoldes irischen Verlobten Morold
und schickte in rohem Übermut dessen abgeschnittenes Haupt an Isolde. Durch Morolds vergiftetes Schwert aber war er tödlich verwundet
und mußte bei Isolde als der einzigen, die ihn heilen konnte, Zuflucht
suchen. Zunächst unter falschem Namen verborgen, wurde er später
erkannt, und Isolde glaubte, ihn töten zu müssen, vermochte es jedoch
nicht: *Von seinem Bette / blickt' er her – / nicht auf das Schwert, / nicht
auf die Hand, – / er sah mir in die Augen. / Seines Elendes / jammerte
mich; / das Schwert – das ließ ich fallen.* Reicht demnach Tristans und
Isoldes Liebe in die Zeit der ersten Irlandfahrt zurück, so erscheint es
als Bruch in der Vorgeschichte, daß Tristan, nach Kornwall zurückgekehrt, König Marke dazu überredete, Isolde zu heiraten. Was bedeutet
Tristans Verrat? Im Zwiegespräch des zweiten Aktes ist vom Trug und
Wahn des Tages, von der Ehre und Sitte die Rede, deren Kodex Tristan
täuschte. Aber das Motiv der Standesdifferenz – die Voraussetzung,
daß es zur Ehre und Sitte des Vasallen gehörte, die Schranken zu wahren, die ihm gezogen waren – ist zu schwach, um Tristans tragische
Verblendung zu erklären. Der Tradition des «Ehrendramas», das vom
16. bis zum frühen 19. Jahrhundert den vorherrschenden Typus der
Tragödie darstellte, ist Tristan entwachsen.

Die Liebe Tristans und Isoldes, eine Liebe, die dem Tode entge-
gentreibt, ist ein offenbares Geheimnis, das Isolde bereits zu Beginn
ausspricht, ohne daß ein Liebestrank sie zum Reden brächte:

> *Mir erkoren, –*
> *mir verloren, –*
> *hehr und heil,*
> *kühn und feig –:*
> *Todgeweihtes Haupt!*
> *Todgeweihtes Herz!*

Tristan bleibt in sich verschlossen:

Des Schweigens Herrin
heißt mich schweigen:
fass' ich, was sie verschwieg,
verschweig' ich, was sie nicht faßt.

Was er verschweigt, ist nichts anderes, als daß er die Liebe, durch die er und Isolde füreinander bestimmt sind, als Verhängnis fühlt und erkennt. *Frau Minne,* von der im Zwiegespräch des zweiten Aktes die Rede ist, ist keine Allegorie für einen Seelenzustand, sondern eine Göttin, die Tristan einem Schicksal ausliefert, das unentrinnbar ist. Und es ist die tragische Dialektik, der er immer wieder verfällt, daß ihn jeder Schritt, durch den er dem Verhängten auszuweichen versucht, nur um so tiefer verstrickt. Daß er sich von Isolde trennt, indem er für König Marke um sie wirbt, bringt ihn in qualvollere Nähe zu ihr; der Todestrank, von dem er Erlösung erhofft, wandelt sich in den Liebestrank, der das Unvermeidliche offenbar macht; und obwohl er sich, als König Marke ihn und Isolde entdeckt, in das Schwert Melots, der ihn verraten hat, stürzt, kann er nicht sterben, sondern muß in einer Sehnsucht, die nichts als Pein ist, auf Isolde warten. Isolde aber weiß, was er verschweigt, und spricht es aus:

Doch ach! Dich täuschte
der falsche Trank,
daß dir von neuem
die Nacht versank;
dem einzig am Tode lag,
den gab er wieder dem Tag.

Der Mythos von der ungebrochenen, einzig von außen gestörten Liebe Tristans und Isoldes ist ein Mißverständnis.

3

1872, in einem Aufsatz über die Benennung *Musikdrama,* die er verwarf, charakterisierte Wagner seine *Dramen* als *ersichtlich gewordene Taten der Musik.* Die Metapher, in der eine ganze Theorie verschlossen ist, scheint die frühere, in OPER UND DRAMA entwickelte These, daß im *Wort-Ton-Drama* die Musik ein Mittel zum Zweck des Dramas sei, zu durchkreuzen. Jedenfalls ist sie von Historikern der Oper, die deren Geschichte als Wechsel der Herrschaft zwischen dem «Wort» und «Ton» konstruierten, als Bekenntnis zum Primat der Musik verstanden worden. Und wer nach biographischen Voraussetzungen suchte, konnte die tiefgreifende Veränderung – sofern es eine war – einerseits auf Wagners Erfahrungen bei der Komposition des TRISTAN und andererseits auf den Einfluß Schopenhauers zurückführen, in dessen Metaphysik der Musik, roh formuliert, die sichtbare Welt der «Vorstellungen» zum bloßen Reflex des «Willens», der in der Musik sein Wesen treibt, herabgesetzt ist.

Auch schien es, als werde die These zum Vorrang der Musik im TRISTAN durch einige Dokumente zur Entstehungsgeschichte des Werkes gestützt. 1854, drei Jahre vor der Niederschrift der Dichtung und dem Beginn der Komposition, schrieb Wagner an Liszt: *Ich habe im Kopfe einen ‹Tristan und Isolde› entworfen, die einfachste, aber vollblutigste musikalische Konzeption; mit der schwarzen Flagge, die am Ende weht, will ich dann mich zudecken, um – zu sterben.* Auffällig ist einerseits, daß von einer *musikalischen* Konzeption, nicht einer dichterischen, die Rede ist, und andererseits die Erwähnung der *schwarzen Flagge*, die in der Sagenüberlieferung als Requisit in die Intrige der «anderen Isolde» (die bei Wagner nicht vorkommt) gehört: Der Handlungsentwurf, den Wagner 1854 *im Kopf hatte*, war also von der endgültigen Fassung noch weit entfernt und scheint eher eine musikalisch-dichterische Grundvorstellung ohne den festen Umriß des späteren Textes gewesen zu sein. Im November 1856 schrieb Wagner dann an Marie Wittgenstein, er sei, während der Arbeit am SIEGFRIED, *unversehens in den Tristan geraten: Vorläufig Musik ohne Worte. Zu manchem werde ich wohl auch eher die Musik als die Verse machen.* Und Anfang 1857 schickte er an Mathilde Wesendonck ein Stück TRISTAN-Musik ohne Text.

Allerdings leuchtet nicht ein, warum die Tatsache, daß bei der Konzeption des TRISTAN von Anfang an musikalische Motive neben dichterischen wirksam waren, einen Primat der Musik verbürgen soll. (Das chronologische Moment ist nicht entscheidend: Daß in der Oper gewöhnlich der Text der Musik vorausging, hinderte nicht, daß er ästhetisch sekundär war.) Vor allem aber ist es offenkundig, daß das Problem des musikalischen Dramas, wie Wagner es sah, durch die Formulierung als «Wort-Ton-Problem» verzerrt worden ist.

Der Schein, daß Wagner in OPER UND DRAMA das Programm einer Herrschaft der Dichtung über die Musik entworfen habe, um es dann in der RING-Tetralogie zu verwirklichen, ist eine Täuschung, die durch die irrige Gleichsetzung von «Dichtung» und «Drama» entstanden ist. (Sie ist um so unbegreiflicher, als nicht einmal im Schauspiel der Text das Drama ist.) Wagners Postulat, die Musik müsse ein Mittel zum Zweck des Dramas werden, verliert seinen vernünftigen Sinn, wenn man sich unter «Drama» nichts anderes als «Dichtung» vorstellt und aus OPER

UND DRAMA die dürftige These von der Unterordnung der Musik unter den Text abstrahiert. In Wagners Sprache ist «Drama» das Resultat des Zusammenwirkens und Ineinandergreifens von Dichtung, Musik und szenischer Aktion; und auch die Dichtung ist, nicht anders als die Musik, ein Mittel zum Zweck des Dramas.

Ist die dichterische Absicht – als solche – noch vorhanden und merklich, so ist sie im Ausdrucke des Musikers noch nicht untergegangen, d.h. verwirklicht; ist aber der Ausdruck des Musikers – als solcher – noch kenntlich, so ist er auch von der dichterischen Absicht noch nicht erfüllt; und erst, wenn er in der Verwirklichung dieser Absicht als ein Besonderes, Merkliches untergeht, ist weder Absicht noch Ausdruck mehr vorhanden, sondern das Wirkliche, was beide wollten, ist gekonnt, und dieses Wirkliche ist das Drama, bei dessen Vorführung wir weder an Absicht noch Ausdruck mehr erinnert werden sollen, sondern dessen Inhalt als eine vor unserem Gefühle als notwendig gerechtfertigte menschliche Handlung uns unwillkürlich erfüllen soll. Zwar prägt die *Absicht*, die Grundkonzeption eines musikalischen Dramas, sich zuerst – als *dichterische Absicht* – im Text aus; doch ist es die Musik, der sie ihre *Verwirklichung für das Gefühl* verdankt: Erst aus der musikalischen Realisierung geht, nach Wagners Überzeugung, das *Drama* hervor.

Zweifellos bedeutet der spätere Satz vom Drama als *ersichtlich gewordener Tat der Musik* eine nachdrücklichere Akzentuierung des musikalischen Moments, dem durch Schopenhauer metaphysische Würde zugewachsen war; verfehlt aber wäre es, den Unterschied zwischen einer Musik, die aus der *dichterischen Absicht*, durch deren *Verwirklichung*, das Drama hervorgehen läßt, und einer Musik, deren *Tat* das Drama ist, zu einem Gegensatz auseinanderzuzerren. Jedenfalls war es nicht Wagners primäres Problem, ob im musikalischen Drama die Musik der Dichtung untergeordnet sei oder umgekehrt; unterstellt man aber einem theoretischen Text eine Frage, die er ursprünglich gar nicht enthielt, so ist es nicht erstaunlich, wenn die Antwort, die er erteilt, verworren oder zwiespältig ausfällt, und es wäre ungerecht, dem Text die Schuld zu geben.

TRISTAN bedeutet, entgegen dem Wachtraum mancher Historiker, keine Wendung zur «Oper», auch nicht zu deren Idee oder Utopie. Daß der Text in der Musik oder gar das Drama in der «Orchestersymphonie» aufgehoben sei, ist eine Fabel, die aus enthusiastisch ungenauem Hören resultiert. Text und Musik sind nicht allein gleichberechtigt, was ein Gemeinplatz ist, sondern verhalten sich sogar in manchen Teilen eher intermittierend, als daß sie sich entsprechen oder ineinander aufgehen.

Der erste Teil des Zwiegesprächs im zweiten Akt, der Jubel des

Wiedersehens, der sich in emphatischen Satzfragmenten ausdrückt, bricht ab mit den Worten *ewig, ewig ein*. Was folgt (*wie lange fern*), ist eine Reflexion, die in dialektischen Bildern und Formeln die Erfahrung der Nähe als Ferne und der Ferne als Nähe umschreibt. So deutlich und fast schroff aber die Zäsur im Dialog ist, so auffällig ist es andererseits, daß Wagner es vermeidet, sie «auszukomponieren». Die Entwicklung des Motivs, das den ersten Teil beherrschte und charakterisierte, eines Motivs, das von den Exegeten als Ausdruck des «Liebesjubels» oder schlicht als «Liebesthema» etikettiert worden ist, wird über den Einschnitt im Dialog hinaus fortgesetzt.

Ein jäher Umschlag im Text und ein ununterbrochener Fortgang im *symphonischen Gewebe*, sind miteinander verschränkt. Nicht, daß die Musik, als «absolute» Musik, über die Zäsur achtlos hinwegginge: Das «Liebesthema» ist chromatisch getrübt und tendiert zum Diminuendo statt zum Crescendo, als lege sich der Schatten der Reflexion, in die Isolde sich verliert, auch über den musikalischen Wiedersehensjubel. Aber erst neun Takte später setzt das Motiv ein, das als primärer musikalischer Ausdruck der zweiten Textperiode erscheint. Und umgekehrt fällt in die Mitte der Textperiode ein musikalischer Motivwechsel, so daß die musikalische Zäsur durch die Kontinuität des Dialogs überbrückt wird. (Derselbe Vorgang wiederholt sich, ohne daß er noch einmal analysiert werden müßte, bei der nächsten Dialogzäsur, die durch Isoldes Worte *Im Dunkel du, im Lichte ich* bezeichnet wird.)

Die Verschränkung, das intermittierende Verhältnis von Text und Musik ist kein Zufall oder gar Mangel, sondern ein für Wagner charakteristischer Formgedanke. Weder ist die Musik der Textstruktur, als deren bloße Nachzeichnung, untergeordnet, noch bildet der Text ein Vehikel der Musik, einen Anlaß zu ihrer Entfaltung; vielmehr greifen Musik und Text, Motiv- und Dialoggliederung, ineinander, um ein Prinzip zu verwirklichen, das Wagner *Kunst des Überganges* genannt und als seine *feinste und tiefste Kunst* gerühmt hat.

Die *Kunst des Überganges* wurde von Wagner in einem Brief an Mathilde Wesendonck vom 29. Oktober 1859 erläutert. *Das Schroffe und Jähe ist mir zuwider geworden; es ist oft unumgänglich und nötig, aber auch dann darf es nicht eintreten, ohne daß die Stimmung auf den plötzlichen Übergang so bestimmt vorbereitet war, daß sie diesen von selbst forderte. Mein größtes Meisterstück in der Kunst des feinsten allmählichsten Überganges ist gewiß die große Szene des zweiten Aktes von Tristan und Isolde. Der Anfang dieser Szene bietet das überströmendste Leben in seinen allerheftigsten Affekten, – der Schluß das weihevollste, innigste Todesverlangen. Das sind die Pfeiler: nun sehen Sie einmal, Kind, wie ich diese Pfeiler verbunden habe, wie sich das vom einen zum andern hinüberleitet! Das ist nun auch das Geheimnis meiner musikalischen Form, von der ich kühn behaupte, daß sie in solcher Übereinstimmung und jedes Detail umfassenden klaren Ausdehnung noch nie auch nur geahnt worden ist.* Das *Geheimnis der musikalischen Form* erschöpft sich nicht darin, daß die musikalischen Motive, analog den Affekten, die sie ausdrücken, bruchlos ineinander übergehen, ohne daß Risse im symphonischen Gewebe fühlbar werden. Ziel einer Analyse, der eine bloße Motivexegese nicht genügt, müßte es vielmehr sein, zu bestimmen, was musikalisch-formal unter «Vermittlung» zu verstehen ist.

Dem Versuch einer andeutenden, skizzenhaften Analyse sei – da die Zusammenhänge im Zwiegespräch des zweiten Aktes zu weitgespannt sind – die fünfte Szene des ersten Aktes, der Dialog zwischen Tristan und Isolde, zugrunde gelegt. Der Anfang prägt unmißverständlich eine dreiteilige Form mit dem Schema $A^1 B A^2$ (18, 12 und 12 Takte) aus. Die Reprise aber, als A^2 Schluß der dreiteiligen ersten Periode, ist zugleich als X^1 Anfang einer zweiteiligen zweiten Periode mit den Strophen X^1 und X^2 (14 und 11 Takte). Die Disposition der Motive ist in der zweiten Periode (*Begehrt, Herrin, was ihr wünscht*) scheinbar verworren:

Motive:	a b a c d / b e d
Taktanzahl:	2 2 3 4 3 2 5 4

Gemeinsame Motive von X^1 und X^2 sind einzig b und d. Doch ist b nichts anderes als eine Abspaltung von dem Motivkomplex a b, so daß die Analogie der Anfänge unüberhörbar ist.

Durch die Motive a und c weicht X^1 von X^2, der zweiten Strophe, ab. Andererseits sind es gerade a und c, durch die X^1, in der Funktion A^2, als Reprise auf A^1 bezogen ist. Es wäre also verfehlt, die Perioden $A^1 B A^2$ und $X^1 X^2$ in ein einziges Schema, $A^1 B A^2 A^3$, zusammenzuziehen; sie sind zwar, durch die Analogie von A^2 und X^1, miteinander verbunden, aber dadurch voneinander getrennt, daß es nicht dieselben Bestandteile sind, durch die der «äquivoke» Abschnitt einerseits als A^2 und andererseits als X^1 fungiert. (Anders ausgedrückt: A^1 und X^2 haben nichts gemeinsam, können also nicht als A^1 und A^3 chiffriert werden.)

Die Form ist sowohl «geschlossen» als auch «offen»: «geschlossen», weil sie zwei- und dreiteilige Schemata, Grundmodelle der Formenüberlieferung, ausprägt (A^1 B A^2 und X^1 X^2); «offen», weil die Abschnitte nicht nebeneinander stehen, sondern sich durchdringen, so daß die Grenzen ins Ungewisse geraten. In dem «äquivoken» Teil (A^2 und X^1) bildet Motiv c den Schluß von A^2 (analog zu A^1), aber Motiv d den von X^1 (entsprechend X^2): Der Teil endet zweifach, in der einen Funktion, die er erfüllt, anders als in der anderen. Und dadurch, daß Formteile doppeldeutig sind oder ineinander übergehen, entsteht bei ungenauem Hören, wie es im Theater fast unvermeidbar ist, der Eindruck des verschwommen Amorphen. Der Schein von «Formlosigkeit» aber ist nichts anderes als das Resultat einer Differenzierung der Form.

Auf dem gleichen Formgedanken – der durchaus ein Prinzip und kein bloßer Zufallsfund ist – beruht am Schluß des zweiten Aktes – nach Markes Klage und Tristans Antwort, die eher ein Schweigen ist – der Dialog Tristans und Isoldes (*Wohin nun Tristan scheidet*). Er ist, in groben Umrissen skizziert, in fünf Teile gegliedert (14, 16, 18, 12 und 18 Takte), von denen der dritte und der fünfte, Tristans Strophe und Isoldes Gegenstrophe, die nur geringfügig voneinander abweichen, das Formgerüst bilden. Verstörend für Formanalytiker, die am Buchstaben der Theorie haften, sind die Relationen zwischen den ersten drei Teilen. Der dritte erscheint gewissermaßen als Zusammenfassung des ersten und zweiten: Einerseits hat er mit dem zweiten den Anfang gemeinsam (*Dem Land, das Tristan meint* und *Was, da sie mich gebar*); andererseits kehrt der erste Teil, ein Komplex von vier Motiven, als Mitte und Schluß des dritten wieder, wenn auch nicht unverändert (*das bietet dir Tristan*). Der erste Teil hat den Charakter einer Introduktion und der zweite und dritte erscheinen anfangs als ariose Strophe und Gegenstrophe. Die Differenz der Fortsetzung und der Rückgriff des dritten Teils auf den ersten verwirren jedoch den primären Formeindruck, ohne ihn auszulöschen. Mit dem ersten Schema (A B^1 B^2: Introduktion, Strophe und Gegenstrophe) verschränkt sich in der Formvorstellung ein zweites (A^1 B A^2: Exposition, Mittelteil und Reprise). Formmodelle, die sich gegenseitig auszuschließen scheinen, werden zu einer paradoxen Einheit zusammengefaßt.

Das Verfahren, den Wagnerschen Leitmotiven starr identifizierende
Namen zu geben, ist ebenso fragwürdig wie unumgänglich: fragwürdig,
weil die Übersetzung musikalischen Ausdrucks in Begriffe niemals
adäquat ist – gelänge sie, so wäre das Urteil über die Musik gesprochen;
unumgänglich, weil die Idee eines wortlosen Gefühlsverständnisses musikalischer Motive, unter Verzicht auf die Vermittlung durch Sprache,
eine Illusion ist. Der Name, der die Sache halb verfehlt, ist zugleich der
einzige Weg, um zu ihr zu gelangen. Um aber die Verzweigungen der
Motivbedeutungen erfassen zu können, muß man von einer Grundvorstellung ausgehen und sie allmählich differenzieren; das unendlich rei-
che Gefühlsverständnis, auf das Wagner zielte, entsteht nicht in erster,
sondern – wenn überhaupt – in zweiter Unmittelbarkeit, in der die Reflexion aufgehoben ist.

Die Unsicherheit bei der Namensgebung, das Schwanken, ob die
Bezeichnung Tristan- oder Verhängnismotiv, Sühnetrank- oder Schicksalsmotiv die adäquatere sei, ist also kein zufälliger Mangel, der durch
genauere Exegese auszugleichen wäre, sondern Ausdruck und Konsequenz eines Merkmals der Sache selbst. Und die Kritik Theodor
W. Adornos an der Leitmotivtechnik, eine Kritik, die davon ausgeht,
daß die identifizierende Benennung das Wesen der Motive treffe (ihnen
also nicht von außen aufgezwungen sei), ist schief. Adorno macht es
Wagner zum Vorwurf, daß ein Motiv, das einerseits prätendiere, spon-
taner, unwiederholbarer Ausdruck von Seelenregungen zu sein, andererseits durch den Namen, den es trage, zum allegorischen Bildchen er-
starre. (Das Problem der musikalischen Wiederholung von eigentlich
unwiederholbarem Ausdruck ist für Wagner nicht spezifisch, sondern
betrifft alle Musik vor Schönbergs Expressionismus.)

Der Einwand konfundiert jedoch, was zu trennen wäre. Die musikalischen Allegorien im TRISTAN – von denen nicht zu leugnen ist, daß
sie auffällig hervortreten, wenn auch weniger als in der RING-Tetralogie
– sind nicht verwandelter, gleichsam gefrorener Ausdruck, sondern es
gibt bei Wagner allegorische neben expressiven Motiven, ohne daß allerdings die Grenze immer scharf zu ziehen wäre. Das Todes- und das
Tagesmotiv sind primär – analog zu allegorischen Tendenzen in der
TRISTAN-Dichtung – musikalische Allegorien.

Und es ist kein Zufall, daß die Bezeichnung gerade dieser Motive seit Hans von Wolzogens erstem Leitfaden feststeht, ohne jemals angefochten zu werden. Umgekehrt ist bei den Motiven unverkennbar expressiven Charakters, die sich um die zentralen Momente der inneren Handlung – um Liebes- und Todessehnsucht, die eines sind – gruppieren, die Namengebung – die, wenn sie gelänge, eine Tendenz zur Allegorisierung des Gefühls einschließen würde – immer unsicher gewesen. Die Gefühlsdialektik widersetzt sich identifizierenden Bezeichnungen.

Dem Schwanken oder der Differenzierung der Bedeutungen expressiver Motive aber entspricht es, daß auch die musikalischen Umrisse nicht feststehen. Sie sind variabler als im RING, und die Grenze zwischen ausgeprägten Leitmotiven und den von Ernst Kurth sogenannten Entwicklungsmotiven – halb amorphen musikalischen Regungen, die in Nebenstimmen ihr Wesen treiben – ist fließend. Nicht nur sind Motive aufeinander bezogen: Das Leidensmotiv erscheint als Umkehrung des Sehnsuchtsmotivs und das Markemotiv, mindestens im Ansatz, als Umkehrung des Tristanmotivs –

sondern sie gehen auch ineinander über und verlieren sich schließlich ins Ungreifbare und Gestaltlose. Die Motive im TRISTAN sind, anders als die in der RING-Tetralogie, eher mit Fäden eines Gewebes vergleichbar, die auftauchen, verschwinden und sich zerfasern, als mit Bausteinen, die neben- und übereinander gesetzt werden.

Die Melodik – der musikalische Sinn der Motive und deren Ausdruckscharakter – ist im TRISTAN, mehr als im RING, von der Harmonik, der Akkordstruktur abhängig und umgekehrt. Das Sehnsuchtsmotiv, das Emblem des TRISTAN-Stils, wäre eine amorphe und fast bedeutungslose Tonfolge – ein Stück chromatische Skala – ohne die Akkorde, von denen die Melodik getragen und bestimmt wird. Die Harmonik, der «Tristan-Akkord», erhält Motivbedeutung.

Andererseits ist die Akkordstruktur kaum denkbar ohne das Leidensmotiv, das als Unterstimme den Kontrapunkt zum Sehnsuchtsmotiv der Oberstimme bildet. Die Harmonik wird ebenso durch die Melodik gestützt und motiviert, wie umgekehrt die Melodik durch die Harmonik ihre Bedeutung und Färbung erhält. Und es wäre einseitig und verfehlt, entweder die Motive als «Auskomponierung» der Akkordstruktur oder die Akkordstruktur als «Resultat» des Zusammentreffens der Motive zu erklären. Die Momente greifen ineinander, ohne daß es sinnvoll wäre, entscheiden zu wollen, welches primär und welches sekundär ist.

Ähnlich wie im Sehnsuchtsmotiv ist es im Sühnetrank- oder Schicksalsmotiv nicht die Melodik als solche, der das Motiv die unverwechselbare, aus dem Kontext stets hervorstechende Prägung verdankt, sondern die Verbindung mit einer Akkordfolge, die als musikalisches Rätselbild erscheint: befremdend und doch zwingend.

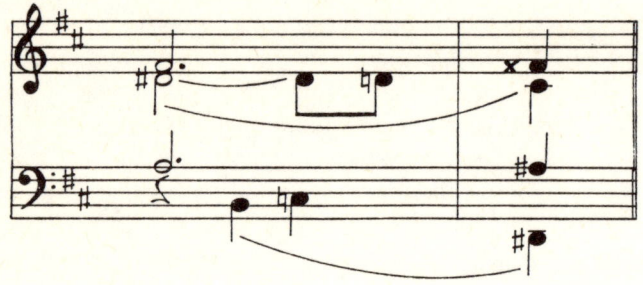

Die Harmonik ist nicht in sich selbst fundiert (abstrakt, als papierenes Satzgerüst, wäre die Akkordfolge unverständlich), sondern erwächst aus der Relation zwischen dem Schicksalsmotiv als Unterstimme und einem chromatischen Kontrapunkt, der gewissermaßen einen Teil des Motivs darstellt, so daß sich der Begriff des «mehrstimmigen Motivs» aufdrängt.

Daß aber der Akkordzusammenhang nicht in sich selbst, sondern partiell und sogar primär in den Motiven begründet ist, besagt, daß die Tradition der Tonalität, der tonalen Harmonik, im TRISTAN wenn nicht aufgehoben, so doch gefährdet ist. Denn die Tonalität, das herrschende Prinzip der Musik des 17. bis 19. Jahrhunderts, ist nichts anderes als ein in sich gestütztes, von melodisch-kontrapunktischen Vorgängen unabhängiges System von Akkordzusammenhängen. Nicht, daß Wagner die Atonalität Arnold Schönbergs antizipiert hätte; am Tonartbegriff hielt er fest, und den Tonartbeziehungen schrieb er expressiv-symbolische Bedeutung zu. Doch ist von der TRISTAN-Harmonik die Richtung ablesbar, die zur Auflösung der Tonalität, zur Emanzipation der Melodik und des Kontrapunkts von vorgeformten Akkordzusammenhängen führte. TRISTAN ist eine der Ursprungsurkunden der musikalischen Moderne.

Die Meistersinger von Nürnberg

1

Die MEISTERSINGER sind das Werk eines Humors, dem nicht zu trauen ist. (An Liszt und Nietzsche beklagte Wagner, daß sie *seine Witze nicht mochten.*) Auf dem Grunde der altdeutschen Idylle, die Wagner ausmalt, mit verwinkelten Gassen und betörendem Fliederduft, liegt ein Zug zur Gewalttätigkeit verborgen. Das Volk, das sich im dritten Akt zum Lob von Reformation und *heiliger deutscher Kunst* versammelt, stürzt sich im zweiten in eine absurde Prügelei, deren Ursachen in um so tiefere Schichten hinabreichen müssen, als der Anlaß nichtig ist. (Daß Wagner, als er die Szene konzipierte, von einem realen Erlebnis ausging, das er in Nürnberg hatte, ist für das Werk belanglos.) Walther von Stolzing, das Naturgenie einer «neuen Kunst», die über das erstarrte und veraltete Regelwesen der Meistersinger triumphiert, ist andererseits ein Raufbold, stets bereit, mit dem Schwert dreinzuschlagen, wenn sich ihm ein Hindernis in den Weg stellt, und sei es ein Nachtwächter. Daß die Bürger ihm mißtrauen, ist so unbegreiflich nicht. Sixtus Beckmesser, der Widersacher und Zensor, ein giftiger Pedant, aber immerhin Humanist und hohe Amtsperson der Stadt Nürnberg, gerät immer wieder, als wäre er verhext, in verquere Lagen, in denen er als Spottgeburt erscheint; der Gedanke an das Märchen vom Juden im Dorn liegt nicht fern. Und Hans Sachs, der Entsagende und Überlegene, hat ein Doppelgesicht. Mit Beckmesser treibt er ein böses Spiel, das an Wotans Wette mit Mime erinnert: eine Wette, die eine Falle ist. Und wie Wotan es Siegfried überläßt, das Urteil zu vollstrecken, dem Mime verfallen ist (Wotan ist gleich Sachs ein Entsagender, der sich heraushält), so wird Beckmesser von Sachs dem Gelächter des Volkes ausgeliefert: einem Gelächter, das eine Hinrichtung ist. Der C-Dur-Jubel des Schlusses klingt denn auch, nach allem, was vorausging, nicht ungetrübt, wenn man musikalisch-dramatisch hört. Nicht zufällig ist das Motiv, das sich in den letzten Akkord mischt, das des Volksspottes über Beckmesser.

Der erste Entwurf der MEISTERSINGER-Handlung reicht in das Jahr 1845, in die Dresdener Kapellmeisterzeit, zurück. Erst anderthalb Jahrzehnte später, nach der Vollendung des TRISTAN, griff Wagner den Plan wieder auf, schrieb eine zweite Handlungsskizze und arbeitete im Winter 1861/1862, und zwar ironischerweise in Paris, den Text aus. Es scheint jedoch, als habe er in der langen Zwischenzeit halb bewußt an den MEISTERSINGERN weitergesponnen, denn die Beschreibung der Handlung, die er 1851 in der MITTEILUNG AN MEINE FREUNDE gab, geht in manchen Zügen über den ersten Entwurf hinaus.

Wie bei den Athenern ein heiteres Satyrspiel auf die Tragödie folgte, erschien mir … plötzlich das Bild eines komischen Spieles, das in Wahrheit als beziehungsvolles Satyrspiel meinem ‹Sängerkrieg auf der Wartburg› sich anschließen konnte. Es waren dies die ‹Meistersinger von Nürnberg›, mit Hans Sachs an der Spitze. In einigen Grundzügen war die Handlung von Lortzings Hans-Sachs-Oper abhängig; neu aber war, daß Wagner Probleme der Ästhetik ins Zentrum rückte. *Ich faßte Hans Sachs als die letzte Erscheinung des künstlerisch produktiven Volksgeistes auf* – daß sich Wagner auf Jacob Grimm stützte, ist offenkundig – *und stellte ihn mit dieser Geltung der meistersingerlichen Spießbürgerschaft entgegen, deren durchaus drolligem, tabulatur-poetischem Pedantismus* – den Wagner, der Philologe unter den Librettisten, in Wagenseils Nürnberger Chronik gründlich studierte – *ich in der Figur des ‹Merkers› einen ganz persönlichen Ausdruck gab.* (Hanslick war noch nicht gemeint; er ist erst später, als er zu Wagners Gegner wurde, in die Rolle Beckmessers, des Merkers oder musikalischen Zensors, hineingewachsen.) *Der Älteste der Zunft* – in der späteren Fassung Pogner, den *Gott zum reichen Manne schuf* – *bot nun die Hand seiner jungen Tochter demjenigen Meister an, der bei einem bevorstehenden öffentlichen Wettsingen den Preis gewinnen würde. Dem Merker, der bereits um das Mädchen freit, entsteht ein Nebenbuhler in der Person eines jungen Rittersohnes, der, von der Lektüre des Heldenbuches und der alten Minnesänger begeistert, sein verarmtes und verfallenes Ahnenschloß verläßt, um in Nürnberg die Meistersingerkunst zu erlernen* – die sich selbst als Fortsetzung und Kodifizierung des ritterlichen Minnesangs verstand. *Er meldet sich zur Aufnahme in die Zunft, hierzu namentlich durch eine schnell entflammte Liebe zu dem Preismädchen bestimmt* – Liebe gibt es bei Wagner nur auf den ersten Blick. *Zur Prüfung bestellt, singt er ein enthusiastisches Lied zum Lobe der Frauen, das bei dem Merker aber unaufhörlichen Anstoß erregt, so daß der Aspirant schon mit der Hälfte seines Liedes ‹versungen› hat. Sachs, dem der junge Mann gefällt, vereitelt dann – in guter Absicht für ihn – einen verzweiflungsvollen Versuch, das Mädchen zu entführen.*

Das Motiv des Verzichts, der Neigung zu Eva, der Sachs entsagt, fehlt in den Skizzen von 1845 und 1851. Waren die MEISTERSINGER 1845 als Satyrspiel zu TANNHÄUSER konzipiert, so ist 1861/1862 die Nähe zu TRISTAN fühlbar: Sachs resigniert, um nicht das Geschick König Markes – er zitiert die Tristansage aus einem Volksbuch – teilen zu

müssen. Um so akzentuierter tritt 1851 die Intrige gegen Beckmesser hervor. Nicht nur stört Sachs, mit *Jerum, jerum* und anschließendem Klopfen, Beckmessers nächtliches Ständchen vor Evas Fenster; sondern er *gibt ihm ein Gedicht des jungen Ritters, von dem er vorgibt, nicht zu wissen, woher es ihm gekommen sei.* (In der späteren Fassung handelt es sich halb um einen Diebstahl Beckmessers, halb um ein trügerisches Geschenk.) *Nur ermahnt er ihn, genau auf eine passende ‹Weise› zu achten, nach der es gesungen werden müsse. Der eitle Merker hält sich hierin für vollkommen sicher und singt nun vor dem öffentlichen Meister- und Volksgerichte das Gedicht nach einer gänzlich unpassenden und entstellenden Weise ab* – in der endgültigen Version verzerrt er auch den Text –, *so daß er abermals* – wie schon mit seinem Ständchen – *durchfällt. Wütend hierüber wirft er Sachs, der ihm ein schändliches Gedicht aufgehängt habe, Betrug vor; dieser erklärt, das Gedicht sei durchaus gut, nur müsse es nach einer entsprechenden Weise gesungen werden. Es wird festgesetzt, wer die richtige Weise wisse, solle Sieger sein. Der junge Ritter leistet dies und gewinnt die Braut; den Eintritt in die Zunft, der ihm nun angeboten wird, verschmäht er aber. Sachs verteidigt da die Meistersingerschaft mit Humor und schließt mit dem Reime:*
> *Zerging' das Heil'ge Römische Reich in Dunst,*
> *Uns bliebe doch die heil'ge deutsche Kunst.*

Nietzsches Satz, daß die einzige Rechtfertigung des Lebens – des «Wahns», wie der Schopenhaueriner Wagner sagt – die Kunst sei, bezeichnet das Thema der MEISTERSINGER.

2

Die Kunstphilosophie der MEISTERSINGER, und zwar die explizite in ihrem Verhältnis zur unausgesprochenen, ist allerdings verwickelter, als sie zunächst erscheint. Dramaturgisch rückt der Gegensatz zwischen Beckmesser einerseits, Walther und Sachs andererseits in den Vordergrund. Philosophisch aber ist er nahezu belanglos; denn Beckmesser ist kein Repräsentant einer Kunst, auch nicht der Meistersingerkunst, für die vielmehr Sachs einsteht, sondern nichts als eine Kritiker-Karikatur. Und die Handlung, in der er figuriert, ist allegorisch: Die Eifersucht gegen das «Naturgenie» Walther, die Jämmerlichkeit des nächtlichen Ständchens und die Unfähigkeit, Walthers Preislied zu begreifen und zu reproduzieren, sind szenische Chiffren für zentrale Motive des populären Vorurteils gegen Kritik, das sich Wagner umstandslos zu eigen machte: für den Verdacht des Neides, den Vorwurf der Unproduktivität und den der Verständnislosigkeit gegenüber Neuem, das von den eingeschliffenen Regeln abweicht. (Es scheint, als hätten sich inzwischen die Verhältnisse insofern ins Gegenteil verkehrt, als heute die Kritik, mindestens die relevante, zur Rechtfertigung des Neuen und das Publikum zum Beharren auf dem Gewohnten tendiert; das entscheidende Motiv der Kritikfeindschaft, der Argwohn gegen den reflektierenden Verstand, ist jedoch unverändert geblieben und hat nur den Gegenstand gewechselt: dem Verdacht, nichts als seelenlose Mechanik zu sein, ist heute die neue Musik, nicht die alte ausgesetzt.)

Beckmesser ist kein Meistersinger: Das Meistersinger-Thema, mit dem das Vorspiel beginnt, ist nichts weniger als ein Beckmesser-Motiv. Und der Gegensatz zwischen Sachs und Beckmesser ist, obwohl er die Szene beherrscht, peripher. Umgekehrt sind die zentralen Motive eher verdeckt, als daß sie szenisch sinnfällig würden. Stellt Sachs, wie es in dem Entwurf von 1851 heißt, *die letzte Erscheinung des künstlerisch produktiven Volksgeistes* dar – als die er denn auch von dem Humanisten, dem Intellektuellen Beckmesser höhnisch apostrophiert wird –, so rechtfertigt er andererseits das Regelwesen der Zunft, als deren Repräsentant er gegenüber Walther auftritt, weil es die Voraussetzung künstlerischer Meisterschaft sei, einer Meisterschaft, in deren Besitz sich Wagner um 1860, nach der Vollendung des TRISTAN, sicher fühlte. In Sachs, der in alten Volkstraditionen wurzelt und dennoch die Höhe einer ihrer selbst bewußten Kunst erreicht, hat eine der Ideen, denen die romantische Philosophie sehnsüchtig nachhing, dramatische Gestalt angenommen: die Vorstellung, daß «Naturpoesie» und «Klassik», frühe Ursprünge und späte Vollendung, in der Substanz eines und dasselbe seien. Hans Sachs ist Wagners Selbstporträt als Klassiker.

Dem bewußten Abbild der Idee von sich selbst, wie sie Wagner in sich trug, steht jedoch ein unbewußtes, verqueres und verschlüsseltes gegenüber. In Walthers Probelied, das Beckmessers Merkerzorn erregt – ohne daß man recht wüßte, warum –, gibt Wagner insgeheim die Formel preis, die seinem eigenen Werk zugrunde liegt. Die Vorstellung von dem «Naturgenie» Walther ist bloßer Schein, der durch das Probelied Lügen gestraft wird. Denn dessen Zeilen- und Reimschema ist so kompliziert, daß die Kunst, es makellos auszufüllen, angestrengte Reflexion voraussetzt. Der Widerspruch aber ist nichts weniger als ein zufälliger Mangel, der nichts besagt; in ihm steckt vielmehr die esoterische Kunstphilosophie der MEISTERSINGER im Unterschied zur exoterischen. Es war Wagners ästhetische Grundüberzeugung – die er mit Kant teilte –, daß Kunst, um authentisch zu sein, sich als Kunst verbergen und als Natur erscheinen müsse. Die Mittel und Handgriffe dürfen nicht hervortreten, die Reflexion soll sich in Spontaneität, in zweite Unmittelbarkeit verwandeln, und die Spur der Mühe muß ausgelöscht werden. Das Paradoxe ist, daß es der Technik bedarf, um die Technik zu verleugnen. In Walther aber sind die Widersprüche in ein utopisches Bild aufgelöst: Ihm wächst das Kunstvolle als Natur, das Reflektierte als Improvisation zu. Die zweite Unmittelbarkeit, an der Wagner sich abmühte, ist für ihn erste. Und Sachs beschreibt, als er Walthers Probelied nachsinnt, die Wirkung, wie sie nach Wagners Willen von seiner eigenen Musik auf die Zeitgenossen ausgehen sollte:

Ich fühl's – und kann's nicht verstehn; –
kann's nicht behalten, – doch auch nicht vergessen;
und fass' ich es ganz, kann ich's nicht messen. –

3

Die Idee der MEISTERSINGER war, als sie von Wagner im Herbst 1861 Besitz ergriff, eine musikalisch-dramatische Gesamtvorstellung. Es wäre verfehlt und dogmatisch, die enge Verschränkung des dichterischen und des musikalischen Moments auseinanderzuzerren, um eine eindeutige Priorität zu konstruieren, die eine Theorie der Oper oder des Musikdramas stützen würde. Weder ist von Wagner ein präexistenter Text mit Musik noch umgekehrt eine präexistente Musik mit Text ausgestattet worden. Die Zeugnisse zur Entstehungsgeschichte der MEISTERSINGER reden eine verworrene Sprache, solange man nicht darauf verzichtet, ihnen die falsche Frage nach dem Vorrang von Dichtung oder Musik aufzudrängen. (Die These vom zeitlichen Primat der Musik, aus dem dann umstandslos und mit fragwürdiger Logik ein sachlicher erschlossen wird, ist apologetisch gemeint; sie soll das Musikdrama vor dem Vorwurf musikalischer Formlosigkeit bewahren, dem jedoch einzig durch eine Formanalyse zu begegnen wäre.)

Als Wagner beschloß, den MEISTERSINGER-Plan von 1845 auszuführen, hielt er sich – ein jäherer Kontrast ist kaum denkbar – in trübseliger Stimmung in Venedig auf. Während der Rückfahrt nach Wien, heißt es in MEIN LEBEN, *gingen mir die ‹Meistersinger›, deren Dichtung ich nur noch nach meinem frühesten Konzepte im Sinne trug, zuerst musikalisch auf; ich konzipierte sofort mit größter Deutlichkeit den Hauptteil der Ouvertüre in C-Dur.* Eines der C-Dur-Themen aber, der Zunftmarsch, stammt aus Wagenseils Nürnberger Chronik, die Wagner erst einige Monate später studierte. Und in einem Brief an Mathilde Wesendonck vom Dezember 1861 formulierte Wagner den Sachverhalt mit geringerer Emphase als in MEIN LEBEN: *Jetzt klang mir's nach, wie eine Ouvertüre zu den Meistersingern von Nürnberg.* Entscheidend war nicht, ob die Bruchstücke, die er konzipierte, feste oder verfließende Umrisse hatten, sondern daß er für das Werk, das ihm vorschwebte, den «Ton» fand, der sowohl die dichterische als auch die musikalische Ausführung bestimmte. Man übertreibt nicht, wenn man das «C-Dur», von dem in MEIN LEBEN die Rede ist, als Inbegriff der Sphäre von gravitätisch schreitendem Marsch und archaisierendem Kontrapunkt, die für die MEISTERSINGER charakteristisch ist, versteht.

Die Ouvertüre, deren Anfang er im November 1861 entworfen hatte, schrieb Wagner dann im Februar oder März 1862 nieder, und zwar – entgegen den Normen der Opernkomposition – bevor noch eine einzige Zeile des Textes komponiert war. Das *thematische Bild* des ganzen Werkes, das im FLIEGENDEN HOLLÄNDER die Ballade der Senta war, ist in den MEISTERSINGERN die Ouvertüre, ein Stück Instrumentalmusik. (Die Form ist die einer Symphonischen Dichtung nach Lisztschem Muster. Die vier Sätze des klassischen symphonischen Zyklus sind in einen einzigen Satz zusammengedrängt, dessen Teilen, dem Hauptthema, dem Seitenthema, der Durchführung und der Reprise, Wagner die Charaktere der verschiedenen Sätze des Zyklus aufprägt. Sie erscheinen als Allegro, Andante, Scherzo und Finale.)

In der Zwischenzeit, im Dezember und Januar 1861/1862, war die Dichtung der MEISTERSINGER entstanden (die allerdings noch Änderungen unterwofen war). Und nichts zeigt deutlicher als der Wechsel zwischen Kompositions- und Textentwürfen, daß Wagner von einer Werkidee ausging, deren musikalische und dichterische Momente sich nicht eindeutig in ein Früher und Später auseinanderlegen lassen. Es war gerade die Sicherheit der musikalisch-dramatischen Gesamtvorstellung, die das Nebeneinander von dichterischen und kompositorischen Konzeptionen, deren Getrenntheit bloßer Schein ist, möglich machte.

Das wäre bis in Einzelheiten zu verfolgen. Das Seitenthema der Ouvertüre, die E-Dur-Melodie, die den langen Satz repräsentiert, wurde später als Abgesang, als Schlußteil, in Walthers Preislied übernommen. Und eine Unstimmigkeit in der Deklamation und Phrasengliederung bei den Worten *in himmlisch neu verklärter Pracht* verrät, daß der Text sekundär ist. (Es ist ausgeschlossen, daß Wagner, als er im Februar oder März 1862 diesen Teil der Ouvertüre komponierte, an Einzelheiten der Dichtung dachte, die er im Januar geschrieben hatte, denn der Text des Preisliedes von 1862 stimmt mit dem später komponierten nicht überein, und zwar nicht einmal im Metrum.)

Die Sphäre aber, die das Thema repräsentiert und in Töne faßt, war niemals zweifelhaft. Mögen die Worte, die Details des Textes, sekundär sein; die dramatische Bedeutung war dem Thema vom Ursprung her mitgegeben.

4

Die MEISTERSINGER sind, außer RIENZI, unter Wagners Werken das einzige, für dessen Handlung es entscheidend ist, daß sie in der datierbaren Geschichte, nicht in mythischer oder legendärer Vorzeit, spielt. (Das Antwerpen des 10. Jahrhunderts im LOHENGRIN bleibt austauschbare Staffage: nichts hindert, das Münster gotisch zu stilisieren; in den MEISTERSINGERN aber gehört das Nürnberg des 16. Jahrhunderts zur Substanz.) Und die Geschichte erscheint nicht als tote Vergangenheit, sondern als Vorgeschichte der bürgerlichen Gegenwart, als gäbe es ein kollektives Gedächtnis, das ins 16. Jahrhundert zurückreicht. Die Musik klingt wie aus der Erinnerung zitiert; sie ist nah und doch fern.

«Alte Musik» war für Wagner, wie für das 19. Jahrhundert insgesamt, die Musik Bachs und Händels. (Erst im 20. Jahrhundert drang, je rascher und bestürzender sich die neue Musik veränderte, das Verständnis der alten um so weiter zurück.) Suchte man nach einem geschichtlichen Modell für die Attitüde des Meistersinger-Themas, so wäre am ehesten an die Gravität der langsamen Teile in Französischen Ouvertüren von Bach zu denken: Der «altdeutsche» Stil ist das Zitat eines internationalen oder französischen. Von pedantischer musikalischer Historienmalerei, die eine der Verirrungen des 19. Jahrhunderts war, sind die MEISTERSINGER weit entfernt.

Wagners Melodie zu dem Reformationslied des Hans Sachs, *Wach' auf, es nahet gen dem Tag,* dessen Text er unverändert übernahm, ist kein Choral, übersetzt in die musikalische Sprache des 19. Jahrhunderts (aus den Übersetzungsversuchen der Zeit resultierte das archaisierende Kunstgewerbe, das die Gesangbücher füllte), sondern eine Kantilene, die in keinem Augenblick die Epoche ihrer Entstehung verleugnet und dennoch eine Erinnerung an Vergangenes in sich zu tragen scheint. *Es klang so alt und war doch so neu:* Das Paradox, dem

Sachs, verwirrt durch Walthers Probelied, grübelnd nachsinnt, gilt insgesamt für die Musik der MEISTERSINGER.

Der Einschlag von Archaischem im Modernen, der Schein eines Alten, das von weither kommt, ist, so vage er sein mag, dennoch in musikalisch technischen Kategorien beschreibbar. In der progressiven Harmonik des 19. Jahrhunderts, deren Paradigma die TRISTAN-Harmonik darstellt, war die Komplizierung der Dissonanztechnik – die im 20. Jahrhundert zu Arnold Schönbergs «Emanzipation der Dissonanz» vom Auflösungszwang führte – mit einer Tendenz zur Chromatisierung der Akkorde, zur «Umfärbung» einzelner Töne durch Erhöhung oder Vertiefung, eng verbunden. Die dissonanzenreichere Musik war zugleich die chromatischere. Demgegenüber ist es eine Eigentümlichkeit des MEISTERSINGER-Stils – und vielleicht die entscheidende –, daß zwar die Dissonanztechnik avanciert, die Chromatik aber zurückgedrängt ist. Und daraus resultiert der Schein des Alten im Neuen. Charakteristisch für die Verschränkung der Momente ist der Anfang des *Wach' auf-* Chors.

Das Verfahren, die Auflösung von Septakkorden durch eingeschobene Akkorde zu verzögern, ist unzweifelhaft modern, wirkt aber insofern zugleich archaisierend, als einerseits die Chromatik – das ergänzende moderne Moment – fehlt und andererseits durch die Interpolationen Akkordfolgen entstehen, die in tonaler Harmonik ungewöhnlich sind und an eine ältere Musik erinnern, in der die Anordnung der Akkorde noch nicht durch tonale Normen reguliert wurde.

Der Kontrast zwischen Altem und Neuem ist in den MEISTERSIN-GERN, als Gegensatz zwischen Beckmesser und Walther, ein Moment der Handlung. Er verwirrt sich jedoch in der musikalischen Ausführung. Zwar sind Beckmessers Hervorbringungen, das Ständchen und das verzerrte Preislied, sinnfällig als veraltete Musik charakterisiert: Mechanische Koloraturen, modale Züge in der Melodik und eine karge, auf wenige Lautenakkorde und -figuren beschränkte Begleitung bilden den Inbegriff des musikalisch Obsoleten, das Wagner dem Dürftigen gleichsetzte. (Der musikalische Fortschritt galt als einer zum immer Reicheren.) Andererseits ist jedoch Walthers Preislied nichts weniger als «neue» Musik. Nicht, daß es die naive Kantilene wäre, als die es bei nachlässigem Hören mißverstanden werden kann: Der Eindruck des strömend Kantablen ist vielmehr das Ergebnis einer äußerst differenzierten Kunst, melodische Phrasen miteinander zu verketten. (Der große Zug der Musik resultiert aus mühsamer Arbeit am Detail.) «Neue» Musik aber war im späteren 19. Jahrhundert nicht die «kantable», sondern die «charakteristische». Und ein Modellfall des «Charakteristischen» und stilistisch Avancierten ist in den MEISTERSINGERN gerade die Musik zu der Pantomime Beckmessers, des Traditionalisten: eine Musik, die mit der musikalischen Tradition oder deren Bruchstücken ähnlich rücksichtslos umspringt wie die dramatische Handlung mit Beckmesser, dem Zensor.

Archaisierende Musik ist «sentimentalisch». Durch keine Stilmaske vermag sie der Gegenwart, von der sie sich abkehrt, zu entrinnen; die vergangene Sprache wird, als restaurierte, zur Dialektfärbung der gegenwärtigen. Archaisieren ist Ausdruck von Sehnsucht und verkommt, wenn es das verleugnet, zum Kunstgewerbe.

Der «sentimentalische» Charakter der MEISTERSINGER – die nur durch schlechte Inszenierungen in die Nähe des Kunstgewerbes geraten – ist offenkundig. Das bedeutet musikalisch-technisch, daß die moderne Chromatik zwar reduziert und zurückgedrängt, aber nicht aus der Erinnerung ausgelöscht ist: TRISTAN, der in den MEISTERSINGERN zitiert wird, ist deren latente stilistische Voraussetzung. Daß die Diatonik in ihre alten, vor-chromatischen Rechte wiedereingesetzt sei, ist bloßer Schein. Das Negierte ist stets gegenwärtig, wenn auch meist unausgesprochen; und in manchen Augenblicken macht es sich explizit fühlbar. So dringt etwa im Seitenthema der Ouvertüre – der E-Dur-Kantilene, die den Abgesang von Walthers Preislied antizipiert – die Chromatik, die von der Melodie ferngehalten ist, in den Nebenstimmen hervor. Was sonst «mitgedacht» werden muß, ist hier «auskomponiert».

Die Diatonik der MEISTERSINGER stellt, als gleichsam geträumte Diatonik, die um 1860 nicht mehr ganz real war, weniger eine Restauration als eine Rekonstruktion dar. Es handelt sich um zweite Diatonik in dem Sinne, in dem Hegel von zweiter Natur oder zweiter Unmittelbarkeit sprach. Nirgends, auch nicht im PARSIFAL, ist Wagners Musik so artifiziell wie in dem Schein von Simplizität, mit dem sie sich in den MEISTERSINGERN umgibt.

5

Der archaisierende Zug, der den MEISTERSINGERN insgesamt anhaftet, prägt auch die musikalischen Formen. Die Satztypen der alten Oper, die – als Zugeständnisse des Dramas an die Musik – von der RING-Tetralogie rigoros ferngehalten worden waren, drängen sich in den MEISTERSINGERN wieder vor. Monologe, Lieder, Ensemblesätze, Chöre und Tänze breiten sich über weite Strecken aus; jeder der drei Akte schließt mit einem Massenfinale, wie es für die Große Oper charakteristisch war; und manchmal scheint es geradezu, als sei das Prinzip der RING-Tetralogie, daß der Dialog die Substanz des musikalischen Dramas bilde (kaum anders als die des gesprochenen), aufgehoben oder mindestens gefährdet. Kommt unter den Musikdramen der Text der MEISTERSINGER dem Realismus des 19. Jahrhunderts am nächsten, so ist in der

Musik die realistische Deklamation am weitesten zurückgedrängt. Das besagt jedoch nicht, daß Wagner die Idee der Oper als Drama preisgegeben und das Drama in die Oper zurückverwandelt hätte, sondern gerade umgekehrt, daß er des dramatischen Charakters seiner Musik sicher genug war, um ihr zuzutrauen, sie werde den dramatischen Gehalt auch der scheinbar undramatischen Formen sinnfällig machen. Und niemand zweifelt, daß von dem Quintett im dritten Akt, obwohl die Handlung stillsteht und der Dialog in einen vervielfachten Monolog aufgehoben ist, eine dramatische und nicht nur eine musikalische Wirkung ausgeht – von einem interpolierten Konzertstück kann nicht die Rede sein.

Man mißversteht andererseits die Rückgriffe auf alte Formen und Satztypen, wenn man den artifiziellen, sentimentalisch-ironischen Zug verkennt, der ihnen anhaftet. Die Affinität der MEISTERSINGER-Musik zur Barform der geschichtlichen Meistersinger – zu einer Strophenstruktur aus zwei musikalisch gleichen, aber textlich verschiedenen «Stollen» und einem auch musikalisch abweichenden «Abgesang» – ist ein Spiel. Das Prinzip der Stilmaske, das die Kompositionstechnik prägt, ergreift auch die Form. Und man verfehlt die formale Eigentümlichkeit der MEISTERSINGER, wenn man – wie Alfred Lorenz in seinem Buch über «Das Geheimnis der Form bei Richard Wagner» – die Barform, das Schema A A B, zum zentralen Strukturprinzip sämtlicher Musikdramen erklärt und sie, gestützt auf gewaltsame Analysen, überall wiedererkennt.

Walthers Probelied in der Schlußszene des ersten Aktes (*Fanget an*) ist ein «Bar» von ungewöhnlichem Ausmaß, der sich über 160 Takte erstreckt. Stollen und Gegenstollen, die musikalisch übereinstimmen, sind je in zwei Teile gegliedert; der erste schließt mit einer regulären, sogar emphatischen Kadenz und hebt sich von dem zweiten (*In einer Dornenhecken*) auch in seinem melodischen Charakter scharf ab. Man kann es also Beckmesser kaum zum Vorwurf machen, daß er Walthers Tendenz zu Barform ($A^1 B^1 A^2 B^2 C$) verkennt und nach dem ersten Teil des Gegenstollens (A^2) unterbricht, weil er die anderthalb Stollen von exzessiver Ausdehnung ($A^1 B^1 A^2$) für eine in sich geschlossene dreiteilige Form hält. Nach längerem Disput der verstörten Meistersinger bringt Walther das Probelied zu Ende (*Aus finst'rer Dornenhecken*), ohne sich szenisch gegen das Durcheinanderreden der Meister durchsetzen zu können. (Musikalisch allerdings erhebt sich die Kantilene triumphal über das Parlandogewirr des Ensembles: Sogar dem rigorosesten Dramatiker unter den Opernkomponisten ist es eben nicht zuzumuten, die Melodie zu opfern·und sie um der szenischen Wahrheit willen durch ein Massenrezitativ zu ersticken.)

Die Form ist also doppeldeutig. Ein Hörer, der die Noten nicht kennt, versteht, nicht anders als Beckmesser, den Anfang als dreiteilige Form, die in sich beruht: als Da-capo-Arie. Der Schein einer Rückwendung zum Opernschema aber ist eine Täuschung. Wenn das Probelied nach der Unterbrechung und gegen den Tumult zu Ende gesungen wird, erweist sich die Da-capo-Form als bloßes Fragment einer Barform: Die Fortsetzung (B² C) ist, im Unterschied zum Anfang (A¹ B¹ A²), nicht in sich geschlossen, muß also, um formal verständlich und begründet zu erscheinen, über die Interpolationen hinweg auf das Frühere bezogen werden. Gerade als unterbrochene Form, deren zweiten Teil der Hörer in Gedanken mit dem ersten verbinden muß, weil er für sich nicht bestehen kann, bildet das Probelied ein Gerüst, das der Szene, welche Hunderte von Takten umfaßt, festen Halt gibt. Beckmessers Mißverständnis, das dramatische Motiv der Szene, ist zugleich von konstitutiver Bedeutung für deren Form.

Das Spiel mit der Form erstreckt sich bis in unscheinbare Einzelheiten. Man kann es kaum als bloßen Zufall abtun, daß Beckmessers Protest gegen ein Lied, dessen Barform er aus Ungeduld verkennt, sich selbst in deren Schema fügt und sogar, im Unterschied zu Walthers ausschweifender Kantilene, gewöhnlichen Liedumfang hat. Zwei Motive, das Ritter- und das Neidmotiv,

gruppieren sich zu einer Periode von acht Takten, die mit geringfügigen Modifikationen wiederholt wird, so daß ein «Stollen» und ein «Gegenstollen» entstehen. Ein dritter Ansatz mit dem Rittermotiv führt zu einem abweichenden Schluß; man kann also von einem «Abgesang» sprechen, der – wie es die Theorie verlangt – in manchen Zügen an den Stollen erinnert, ohne ihm jedoch zu gleichen. Nichts ist nun aber falscher, als in der Barform, die eine Ausnahme und Pointe ist, eine Norm zu sehen, der Wagner sich unterwarf. Und der Irrtum, an dem die erwähnten Analysen von Lorenz kranken, besteht in der Gleichsetzung der Barform mit einem Verfahren, das aus der symphonischen Durchführungstechnik stammt: dem Verfahren, aus zwei oder drei Motiven ein «Modell» zu bilden, es auf andere Tonstufen zu versetzen und schließlich Details abzuspalten und für sich zu verarbeiten. Wer Modell, Sequenz und Abspaltung als A A B etikettiert, verkennt, daß Lied- und Entwicklungsform sich ausschließen: Die Barform ist, formelhaft gesprochen, «plastisch», die symphonische Durchführung dagegen «dynamisch».

An dem Abschnitt, der Beckmessers Protest folgt (*Ein Wort, Herr Merker*), läßt sich zeigen, was gemeint ist. Zunächst scheint es, wenn man in der Dogmatik von Lorenz befangen ist, als bildeten das Ritter- und das Neidmotiv, in anderer Gruppierung, wiederum einen «Stollen» und einen «Gegenstollen» (von 9 und 6 Takten). Die Motive werden jedoch eingreifend verändert, nicht bloß modifiziert, und die Fortsetzung ist nichts anderes als eine Transposition der letzten drei Takte des «Gegenstollens», kann also nicht als «Abgesang» klassifiziert werden. Es handelt sich um eine Partie symphonischen Charakters, um eine Motivdurchführung, nicht um einen «Bar».

6

Die Verschränkung von Archaisierendem und Modernem, die insgesamt den Stil der MEISTERSINGER bestimmt, ist auch charakteristisch für die Leitmotivtechnik (bei der es zweifelhaft ist, ob der Name die Sache noch trifft). Man kann, pointiert ausgedrückt, von einer Restauration der Melodie sprechen, einer Restauration aber, die weniger einen Rückgriff auf Früheres bedeutet, als daß sie – paradox genug – dem Widerpart zur Melodie, dem Motiv, abgewonnen ist. Die Leitmotive, die in der RING-Tetralogie und im TRISTAN zu äußerster Kürze und Prägnanz, zur musikalisch-allegorischen Formel tendierten, fügen sich in den MEISTERSINGERN zu Themen zusammen oder dehnen sich zu Melodien aus, ohne daß sich triftig entscheiden ließe, ob das Motiv ein Fragment der Melodie oder umgekehrt die Melodie eine Ausspinnung des Motivs ist. Der Zusammenhang bleibt in der Schwebe.

Daß die Motive nicht starre Formeln, sondern eher bewegliche, versetzbare Teile von Themen und Melodien bilden, ist die Voraussetzung dafür, daß innerhalb der einzelnen Szenen ein dichtes Netz von Motivbeziehungen die Themen miteinander verknüpft. Als Paradigma erscheint die «Taufszene» im dritten Akt, die Szene, in der die Vorform von Walthers Preislied, die von Sachs notiert worden ist, den Namen *selige Morgentraumdeut-Weise* erhält (einen Namen, der für die Beimischung von Manierismus im «Altdeutschen» bezeichnend ist). Bei flüchtigem Hören scheint es, als stünden die Themen, die der Szene zugrunde liegen – der Taufchoral, das Meistersingerthema, das Kunstmotiv, die Traumakkorde und das Mädchenmotiv – als scharf geprägte individuelle Gebilde nebeneinander, ohne substanziell miteinander verbunden zu sein: Das Nebeneinander wäre musikalisch formal legitim, wenn sich die Themen zu einer plastischen, überschaubaren Form, die man durch ein Buchstabenschema etikettieren kann, gruppieren würden. Von der Anordnung der Themen eine geschlossene Form abzulesen, und sei es in verwischten Umrissen, fällt jedoch schwer. Der musikalische Zusammenhang beruht nicht auf der Unterordnung unter ein Formschema, sondern auf motivischer Verknüpfung: Die Struktur ist, um eine Unterscheidung von Jacques Handschin aufzugreifen, «logisch», nicht «plastisch».

Die Themen sind, so charakteristisch verschieden sie erscheinen, durch gemeinsame Merkmale und Bestandteile miteinander verbunden.

Das Kunstmotiv (b) ist nichts anderes als ein Fragment des Meistersingerthemas (a) mit abweichender Fortsetzung. Das aufsteigende Tetrachord kehrt auch in der ersten Zeile des Taufchorals (c) wieder, die außerdem wie das Meistersingerthema mit einem Quartfall beginnt.

Beide Momente, der Quartfall und das aufsteigende Tetrachord, erscheinen in der zweiten Choralzeile (d), einer Variante der ersten, in der Umkehrung. Und im Mädchenmotiv schließlich (e) ist zwar die Quarte zur Quinte gedehnt, das Tetrachord aber bewahrt. Das einzige Motiv, das aus dem Zusammenhang herausfällt, sind die Traumakkorde, das musikalische Emblem der *Morgentraumdeut-Weise*.

Das Prinzip der motivischen Verknüpfung ist mit dem der motivischen Arbeit – der symphonischen Durchführungstechnik – eng verbunden: Beide sind Ausprägungen des musikalisch «Logischen» im Unterschied zum «Plastischen». Und es ist bezeichnend, daß sogar ein Thema, das der symphonischen Technik fremd und sperrig gegenüberzustehen scheint, der Taufchoral, in die motivische Arbeit hineingezogen wird. Zu Anfang der Szene (*Ein Kind ward hier geboren*) werden zwei Choralzeilen exponiert; dann wird die erste für sich zweimal wiederholt und schließlich der Anfangstakt abgespalten und repetiert: Der Gedanke an das symphonische Durchführungsverfahren der progressiven Abspaltung drängt sich unwillkürlich auf. Extreme werden ineins gesetzt, ohne daß Gewaltsamkeit spürbar wäre. Die Kunst, die vom Artifiziellen zu unterscheiden ästhetischer Dilettantismus ist, bildet nicht nur das Thema der MEISTERSINGER, sondern prägt auch deren Charakter.

Der Ring des Nibelungen

1

In einem «Vorschlag zu einer Oper», von dem es nicht gewiß, aber wahrscheinlich ist, daß ihn Wagner gelesen hat, empfahl Friedrich Theodor Vischer 1844 «die Nibelungensage als Text zu einer großen heroischen Oper». (SIEGFRIEDS TOD, die Vorform der GÖTTERDÄMMERUNG, wurde in der ersten Fassung von Wagner 1848 als *große Heldenoper* klassifiziert.) Der Rückgang in die Vorgeschichte, ins mythische Halbdunkel, ist im Wesen der Musik, wie es Vischer verstand, begründet. Das «Complizirte und Reflectirte» ist der Musik, der begriffslosen «Gefühlssprache», fremd und verschlossen. Dagegen ist ein Sagenstoff, der sich durch Simplizität der Handlung und unreflektiertes Pathos von einem geschichtlichen oder modernen Sujet unterscheidet, für das musikalische Drama geradezu vorbestimmt. Die Wortkargheit und das Verstummen der mythischen Helden, unvereinbar mit der Rhetorik des gesprochenen Dramas, sind durch Musik, die nach Wagners Wort *tönendes Schweigen* ist, erschließbar. Vischers Vorschlag schließt allerdings, wenn auch versteckt, eine geschichtsphilosophische Kritik der Musik ein: Die «eigene Seele unserer Zeit» vermag Musik, da ihr das «tiefer Verwickelte» unzugänglich ist, nicht oder nur andeutend auszusprechen; der Weltgeist hat, um in der Sprache Hegels zu reden, die Stufe, auf der die Musik Darstellung des Wesentlichen und Substantiellen der Epoche war, überschritten.

Wagner suchte, nicht anders als Vischer, im Mythos die *ewigen Grundgefühle des Herzens*, als deren Sprache er die Musik begriff. Die Kritik an der Musik aber verkehrte er ins Gegenteil. In der geschichtsphilosophischen Konstruktion, die das musikalische Drama vom RING DES NIBELUNGEN mit welthistorischer Bedeutung ausstatten sollte, erscheint der Rückgang in eine mythische Vergangenheit zugleich als Antizipation einer utopischen Zukunft. Der ferne Ursprung, den das musikalisch restaurierte, durch Musik dem Gefühl wieder verständlich gemachte mythische Geschehen repräsentiert, ist andererseits das Ziel, dem die Geschichte der Menschheit zustrebt: Der Geist des Gesetzes und des Zwangs soll durch den der Versöhnung und der Liebe, die Sprache der Reflexion durch die des Gefühls abgelöst und aufgehoben werden. Insofern ist das mythische Drama das *Kunstwerk der Zukunft*, als das es von Wagner proklamiert wurde. Form und Inhalt konvergieren: Der musikalisch vergegenwärtigte und zum Reden gebrachte Mythos ist als Ausdrucksform – als Rückkehr zur Sprache des Gefühls aus den Verwicklungen und Verwirrungen der Reflexion – ein Stück ersehnter und vorausgenommener Zukunft; und zugleich bildet den Inhalt, die Idee des Dramas vom RING DES NIBELUNGEN der Untergang einer Welt des Gesetzes und der Gewalt und der Aufgang eines utopischen Zeitalters, in dessen ersten Repräsentanten, Siegfried und Brünnhilde, das Neue erscheint, obwohl sie dem Alten noch zum Opfer fallen.

Die Musik, die Vischer als Ausdruck «ewiger Grundgefühle des Herzens» vorschwebte, war die Opernmusik des 18. und 19. Jahrhunderts. Sie war, eingeschlossen in enge Formen – in «Nummern» –, Darstellung einfacher Affekte, seltener eines «gemischten Gefühls», wie es die Opernästhetik nicht ohne Mißtrauen nannte. Dagegen ist die Musik zum RING DES NIBELUNGEN nichts weniger als einfach und ungebrochen. Die Simplizität des Mythos, die Drastik der sichtbaren Handlung, wird übersponnen von einem musikalischen Kommentar, einem Gewebe von Motiven, für das gerade das «Complizirte und Reflectirte» charakteristisch ist, das nach Vischer der Musik unzugänglich bleibt. Der Geist der Wagnerschen Musik, aus dem der Mythos als *Kunstwerk der Zukunft* wiedergeboren werden soll, ist selbst von der Reflexion angekränkelt, als deren Aufhebung er gelten soll. Allerdings war es Wagners ästhetisches Dogma, daß Kunst, um Kunst im emphatischen Sinne und nicht bloßes Artefakt zu sein, als Natur wirken müsse; die Spur der kompositorischen Arbeit und Absicht müsse restlos getilgt werden. Wagner zielte also auf ästhetische Unmittelbarkeit, die aber nur als zweite Unmittelbarkeit erreichbar war: Simplizität erwächst aus Reflexion, Gefühlswirkung aus kompositionstechnischem Kalkül, Unwillkürliches aus Absicht, der Mythos, die Restauration des Ursprungs, als *Kunstwerk der Zukunft* aus utopischer Tendenz.

«Zweite Unmittelbarkeit» ist auch die Formel für Wagners Forderungen an das Publikum, das er von der Zukunft erhoffte. Daß die Reflexion in Gefühl und Anschauung aufgehen soll, schließt ein, daß sie zunächst als Reflexion wirksam ist, um dann vergessen zu werden. Die erste Unmittelbarkeit ist nichts als ein blindes Gefühl, dem die Musik der Ring-Tetralogie in ein Gewoge verschwimmt. Man muß die musikalischen Motive, die *Gefühlswegweiser* durch das Drama, wie Wagner sie nannte, unterscheiden, wiedererkennen und in ihren wechselnden Zusammenhängen und Funktionen verfolgen können, wenn die Musik nicht zu dem «Schwall» verfließen soll, als der sie von den Klassizisten unter ihren Verächtern verpönt worden ist. Erst aus aufgehobener Reflexion erwächst ein Gefühl und eine musikalische Anschauung, die mehr ist als ein akustisches Anstarren.

Die Entstehung der Ring-Tetralogie erstreckte sich über ein Vierteljahrhundert, von 1848 bis 1874; und die Brüche und Risse, die das Werk durchziehen, sind weniger erstaunlich als die Einheit, die es dennoch wahrt. Der innere Zusammenhalt ist jedoch eher fühlbar, als daß er sich in Begriffe fassen ließe, die aus der Dramen- und Opernästhetik stammen; und bei dem Versuch, ihn zu bestimmen, um sich des vage Empfundenen zu vergewissern, stößt man auf eine eigentümliche und verwirrende Dialektik der dramatischen, epischen und musikalisch-symphonischen Momente, die für das Werk konstitutiv sind.

Das Formgesetz des Dramas, wie es die klassizistische Tradition überlieferte – und klassizistische Tendenzen waren Wagner nicht fremd –, forderte die Vermeidung epischer Züge. «Der Dichter muß», heißt es in der Poetik des Aristoteles, «sich daran eirnnern, seine Tragödie nicht episch zu gestalten. Unter episch verstehe ich aber einen vielstoffigen Inhalt, wie wenn jemand zum Beispiel den ganzen Stoff der Ilias dramatisieren wollte.» Der Nibelungen-Mythos, wie ihn Wagner Anfang Oktober 1848 skizzierte, ist unleugbar «vielstoffig». Wagner, dem das Nibelungenlied als mittelalterliche Verzerrung erschien, ging auf die Edda zurück, um die Heroentragödie mit einem Göttermythos zu verknüpfen, der die Vorgänge zur Bedeutung eines Weltendramas erhöht. Er tat, um des großen Hintergrundes willen, den Schritt, von dem Friedrich Theodor Vischer aus Rücksicht auf das Formgesetz des Dramas, die «Ökonomie», gewarnt hatte. «Nach der Darstellung der Edda ist in dem ganzen tragischen Gange der Begebenheit ein alter Fluch wirksam, den der Zwerg Andwari» – der Alberich der Ring-Tetralogie – «auf den Nibelungenhort legte … Man kann aber diese Beziehung in der Oper nicht brauchen; denn bis auf jenen mythischen Anfang mit der Edda zuruckzugehen ist schon wegen der notwendigen Ökonomie nicht zulässig.»

Wagners Prosaentwurf vom Oktober 1848 – DIE NIBELUNGEN-SAGE (MYTHUS), später unter dem Titel DER NIBELUNGEN-MYTHUS. ALS ENTWURF ZU EINEM DRAMA gedruckt – erzählt den ganzen «vielstoffigen» Mythos vom Raub des Rheingolds bis zu Siegfrieds und Brünnhildes Tod, einem Sühnetod, durch den der Fluch, der am Rheingold haftet, ausgelöscht wird. Vorgeschichte und Handlung – die Vorgeschichte bis zum Drachenkampf und zur Erweckung Brünnhildes und die Handlung einsetzend mit Hagens Intrige und Siegfrieds Ankunft bei den Gibichungen – sind deutlich unterscheidbar. Und in der ersten Fassung des Dramas (SIEGFRIEDS TOD, später GÖTTERDÄMMERUNG) – in Prosa im Oktober, als Dichtung im November 1848 niedergeschrieben – erscheint die Differenz als Bruch zwischen Heroentragödie und Göttermythos, zwischen gezeigter und gedachter Handlung. Technisch dramaturgisch ist Siegfrieds Tod unleugbar mißlungen; Vorgeschichte und Handlung klaffen auseinander. Von den epischen Partien ist einzig Hagens Erzählung im ersten Akt in das Drama integriert: Der Bericht über Brünnhilde und Siegfried ist ein Teilmoment der Intrige. Die übrigen epischen Szenen jedoch, Szenen, die den Göttermythos exponieren (und nicht, wie Hagens Erzählung, ein Stück Vorgeschichte der Heroentragödie), sind der Handlung von außen angefügt: Sowohl die Nornenszene als auch Brünnhildes Dialog mit den Walküren (später, in der Götterdämmerung, Waltraute) und Hagens Traum sind dramaturgische Hilfskonstruktionen. Und es ist bezeichnend, daß es sich um Szenen handelt, die in dem Prosaentwurf Die Nibelungensage (Mythus) fehlen: Sie gehören, als erzwungene Zusätze, nicht zu Wagners ursprünglicher dramatisch-szenischer Konzeption.

Die Einsicht, daß Siegfrieds Tod nicht in sich geschlossen ist, drängte sich Wagner auf, als er zwei Jahre später in Zürich, nach der Flucht aus Dresden, den Text zu komponieren versuchte. Im Juni 1851 ergänzte er Siegfrieds Tod durch Der junge Siegfried (später Siegfried); im November erwähnt er in einem Brief an Theodor Uhlig den Plan, das Doppeldrama zur Tetralogie zu erweitern; und 1852 entstanden die Dichtungen zu Das Rheingold und Die Walküre. *Bedenke,* heißt es in dem Brief an Uhlig, *daß – ehe ich den ‹Siegfrieds Tod› dichtete – ich den ganzen Mythos in seinem großartigen Zusammenhang entwarf: jene Dichtung war nun der – unserm Theater gegenüber von mir als zu ermöglichen gedachte – Versuch, eine Hauptkatastrophe des Mythos mit der Andeutung jenes Zusammenhanges zu geben. Als ich nun an die volle musikalische Ausführung ging und ich dabei endlich fest unser Theater ins Auge fassen mußte, fühlte ich das Unvollständige der beabsichtigten Erscheinung: es blieben eben der große Zusammenhang, der den Gestalten erst ihre ungeheure, schlagende Bedeutung gibt, nur durch epische Erzählung, durch Mitteilung an den Gedanken übrig. Um daher ‹Siegfrieds Tod› zu ermöglichen, verfaßte ich den ‹jungen Siegfried›; je bedeutender aber dadurch das Ganze sich schon gestaltete, desto mehr mußte mir jetzt, als ich an die szenisch-musikalische Ausführung des ‹jungen Siegfried› ging, einleuchten, daß ich das Bedürfnis nach deutlicher Darstellung des ganzen Zusammenhanges an die Sinne, nur noch gesteigert hatte. Jetzt sehe ich, ich muß, um vollkommen von der Bühne herab verstanden zu werden, den ganzen Mythos plastisch ausführen.* Das Argument, daß im Theater einzig das Sichtbare, Gegenwärtige wirksam sei, ist in der Erfahrung des Opernkomponisten begründet; bei einem gesprochenen Drama wäre es untriftig. (Die Technik der epischen Exposition ist in der Tradition des Dramas fest verwurzelt.) Aber auch nach den Kriterien der Dramaturgie des Schauspiels krankt SIEGFRIEDS TOD an einem Mangel: Die Verknüpfung von Göttermythos und Heldentragödie, die Integration der erzählten Vorgeschichte in die sichtbare Handlung – als vorwärtstreibendes und nicht bloß den Hintergrund ausmalendes Moment – ist mißlungen.

Mit der dramaturgischen Schwierigkeit, die Wagner zu dem hybriden Entschluß drängte, die Siegfried-Tragödie zur Ring-Tetralogie zu erweitern, war ein musikalisch-kompositionstechnisches Problem eng verbunden. SIEGFRIEDS TOD erwies sich, obwohl es Wagner – nach dem Zeugnis der Briefe – nicht an musikalischen Gedanken mangelte, als unkomponierbar. Aus dem Jahre 1850 sind Kompositionsskizzen zur Nornenszene erhalten: zu der Szene, die den Göttermythos in epischen Bruchstücken – in der Form des «Weltenklatsches», wie Thomas Mann es nannte – exponiert. Der Ansatz zur Komposition, der nicht zufällig Fragment blieb, ist jedoch fragwürdig: zwar nicht musikalisch-dichterisch, als Deklamation des Textes, aber musikalisch-dramatisch, als musikalische Exposition der tragenden Gedanken einer mythischen Tragödie. Was fehlt, ist musikalisch-motivische Substanz. Der mythische Hintergrund der Siegfried-Tragödie, der nach Wagners Worten *den Gestalten erst ihre ungeheure, schlagende Bedeutung gibt*, bleibt musikalisch blaß und karg: befangen in bloßer melodischer Deklamation. Von musikalischer *Vergegenwärtigung* des erzählten Mythos, von einer *Verwirklichung für das Gefühl*, die nach Wagners Ästhetik die Funktion der Musik im Drama ist, kann nicht die Rede sein. Als musikalische Exposition des Göttermythos ist die Skizze zur Nornenszene mißglückt.

Die Brüchigkeit des Entwurfs ist jedoch kein Zufall, sondern hängt mit dem dramaturgischen Gebrechen von SIEGFRIEDS TOD – dem Mangel an Integration der erzählten Göttermythen in die sichtbare Handlung – eng zusammen. Wagner, dem Unbegründetes suspekt war, brauchte zur Prägung eines musikalischen Gedankens ein dichterisch-szenisches Motiv, eine raison d'être. (Der Terminus *Motiv* bezeichnet in Wagners Schriften nicht den melodischen Gedanken, sondern dessen dramatische Begründung.) Um restlos verstanden zu werden (und Wagner wollte restlos verstanden werden, darum wurde er zum unersättlichen Räsoneur), muß ein musikalischer Gedanke – ein *melodisches Moment* – im Zusammenhang mit einem Text und einem szenischen Vorgang exponiert worden sein. Und entscheidend ist das szenische Moment. Auffällig in dem Brief an Uhlig ist der Ausdruck *szenisch-musikalische Ausführung*, der offenbar besagt, daß die szenische Ausführung weniger im dichterischen Text vorgezeichnet ist, als daß sie erst zusammen mit der Musik entsteht, so daß die szenischen Vorgänge an musikalische Motive gebunden sind und umgekehrt die musikalischen Motive an szenische Vorgänge.

Der Entwurf zur Nornenszene von 1850 ist also darum mißlungen, weil die Erfindung prägnanter, dramatisch beredter melodischer Motive – als musikalische *Verwirklichung* der erzählten Mythen *für das Gefühl* – einerseits notwendig gewesen wäre und andererseits – wegen des Mangels an szenischer Vergegenwärtigung – unmöglich war. Und das bedeutet, daß Wagner die sichtbare Darstellung des in SIEGFRIEDS TOD nur Erzählten, also die Erweiterung der Siegfried-Tragödie zum Doppeldrama und schließlich zur Tetralogie, nicht allein aus dramaturgischen, sondern auch aus musikalischen Gründen brauchte: als Voraussetzung für die Prägung musikalischer Gedanken, die geeignet waren, den Göttermythos, den Hintergrund der Heroentragödie *für das Gefühl zu verwirklichen* (wie es Wagner in OPER UND DRAMA postulierte). Erst wenn ein musikalisches Motiv Ausdruck eines szenischen Vorgangs gewesen ist, dem es seine gegenständliche Bestimmtheit als Rheingold-, Ring-, Walhall- oder Vertragsmotiv verdankt (Musik für sich ist begriffs- und objektlos), kann es zum Erinnerungs- und Leitmotiv werden, zu einem Mittel, um szenisch Gegenwärtiges und dichterisch Ausgesprochenes mit nicht Gegenwärtigem und Unausgesprochenem zu verknüpfen.

Die Behauptung, daß szenische Vorgänge oder Gegenstände die Begründung der entscheidenden musikalischen Motive darstellen, ist dem Einwand ausgesetzt, daß Wagner den Leitmotiven außer der Funktion der Erinnerung auch die der Ahnung zugeschrieben habe. Das Argument greift jedoch zu kurz. Denn wenn eine Ahnung nie zu szenischer Gegenwart gelangt, bleibt das musikalische Motiv, durch das sie ausgedrückt wird, eine unenträtselte Chiffre: eine Antizipation, die ins Leere geht.

Die Schwierigkeit, die Wagner 1850 zwang, die Komposition der Nornenszene abzubrechen, war deren epischer Charakter. Und es scheint zunächst, als habe sich sein Argwohn, wie der des Aristoteles, gegen das Epische im Drama schlechthin gerichtet. In einem Brief an Liszt vom 20. November 1851 heißt es: *Bei der hierdurch – durch die Erweiterung des Doppeldramas zur Tetralogie – ermöglichten Deutlichkeit der Darstellung gewinne ich nun – indem zugleich alles, jetzt so breite, Erzählungsartige vollständig hinwegfällt oder doch zu ganz bündigen Momenten zusammengedrängt wird – hinreichenden Raum, um die Fülle der Beziehungen auf das Ergreifendste zu steigern, während ich bei der früheren, halb epischen Darstellung, alles mühsam beschneiden und entkräften mußte. Daß die Vorgeschichte szenisch sichtbar gemacht* wurde, statt bloß erzählt zu werden, bedeutete jedoch nicht, daß die episch-kontemplativen Teile des Dramas reduziert worden wären; sie wuchsen eher, als daß sie schrumpften. Die Nornenszene ist in der GÖTTERDÄMMERUNG länger als in SIEGFRIEDS TOD: Die Mythen, die durch die szenische Darstellung im RHEINGOLD zu überflüssigen Wiederholungen geworden waren, wurden durch andere ersetzt, durch die Erzählung von Wotans Frevel an der Weltesche und durch die Voraussage des nahen Untergangs Walhalls. Und eine ähnliche Tendenz zur bloßen Modifikation statt zur Streichung oder Reduktion epischer Teile zeigt sich, wenn man die Walkürenszene aus SIEGFRIEDS TOD mit der Waltrauteszene der GÖTTERDÄMMERUNG oder die beiden Fassungen von Hagens Traum miteinander vergleicht.

Das Resultat ist, obwohl es dem Brief an Liszt zu widersprechen scheint, keinesfalls überraschend. Denn gerade die *Fülle der Beziehungen*, die Wagner suchte, war mit einer Affinität zum Epischen verbunden: Es sind die episch-kontemplativen Teile der GÖTTERDÄMMERUNG, die Erzählungen und die instrumental-epische Trauermusik, in denen sich die Leitmotivik zu dem «Beziehungszauber» entfaltet, den Thomas Mann, der Leitmotiviker unter den Romanciers, enthusiastisch rühmte. Die Bedeutung des Epischen in der Ring-Tetralogie ist demnach zwiespältig. Bildete die epische Exposition, wie sich bei dem Ansatz zur Komposition der Nornenszene 1850 zeigte, ein Hindernis für eine motivische Kompositionsweise, so erscheint die epische Rekapitulation, die Erzählung als Rückblick oder Erinnerung, gerade umgekehrt als Voraussetzung und tragender Grund zu reichster motivischer Entfaltung. Die epischen Züge, die aus dem Drama verbannt werden sollten, kehren um der Musik willen wieder.

3

*Der Mythos, den Wagner in dem Prosaentwurf von 1848 (*DIE NIBELUNGENSAGE*) erzählt, reicht ins Unvordenkliche zurück und ist andererseits als politische Parabel entzifferbar: eine Zwiespältigkeit, durch die sich ein argwöhnischer Geschmack an die als Gotik oder ägyptisches Altertum verkleideten Eisenkonstruktionen des 19. Jahrhunderts erinnert fühlen könnte. (Die Kategorie des Geschmacks ist jedoch gegenüber Wagner ebenso untriftig wie später gegenüber Mahler.)

Zwerge (Nibelungen), Riesen und Götter teilen sich in die Welt. *Dem Schoße der Nacht und des Todes entkeimte ein Geschlecht, welches in Nibelheim (Nebelheim), das ist in unterirdischen düstren Klüften und*

Höhlen, wohnt: sie heißen Nibelungen, in unsteter, rastloser Regsamkeit durchwühlen sie (gleich Würmern im toten Körper) die Eingeweide der Erde: sie glühen, läutern und schmieden die harten Metalle. Die unangenehme Metaphorik verrät, daß sich in Wagners Mitleid für das Industrieproletariat Ekel mischte. *Des klaren, edlen Rheingoldes bemächtigte sich Alberich, entführte es den Tiefen der Wässer und schmiedete daraus mit großer, listiger Kunst einen Ring, der ihm die oberste Gewalt über sein ganzes Geschlecht, die Nibelungen, verschaffte: so wurde er ihr Herr, zwang sie, für ihn fortan allein zu arbeiten, und sammelte so den unermeßlichen Nibelungenhort, dessen wichtigstes Kleinod der Tarnhelm war, durch den er jede Gestalt annehmen konnte und den zu schmieden er seinen eigenen Bruder, Reigin (Mime-Eugel) gezwungen hatte. So ausgerüstet strebt Alberich nach der Herrschaft über die Welt und Alles in ihr Enthaltene.* Die Bedrohung durch die Nibelungen lastet auf Riesen und Göttern. Die Riesen bauen den Göttern – als Fundament und Symbol von deren Herrschaft – eine Burg, Walhall, und fordern als Lohn, da sie Alberich fürchten, den Nibelungenhort. *Der höchsten Klugheit der Götter gelingt es, Alberich zu fangen: er muß ihnen sein Leben mit dem Horte lösen; den einzigen Ring will er behalten – die Götter, wohl wissend, daß in ihm das Geheimnis der Macht Alberichs beruhe –, entreißen ihm auch den Ring: da verflucht er ihn, er soll das Verderben Aller sein, die ihn besitzen. Wotan stellt den Hort den Riesen zu, den Ring will er behalten, damit seine Allherrschaft zu sichern: die Riesen ertrotzen ihn und Wotan weicht auf den Rat der drei Schicksalsfrauen (Nornen), die ihn vor dem Untergange der Götter selbst warnen.* Die Riesen lassen den Ring und den Hort, statt seine Macht zur Herrschaft zu nützen, *auf der Gnitaheide von einem ungeheuren Wurm hüten.* (Wagner schilt die Riesen als *plump*; aber es ist eher Weisheit, wenn auch unbewußte, an das Unheil, das der Ring birgt, nicht zu rühren.) Wotan, gewarnt durch die Nornen (in der späteren Fassung Erda), sucht seine Macht auf die Menschen zu stützen. Er sammelt ein Totenheer: Walküren *geleiten die im Kampf Gefallenen nach Walhall.* Erst der Ring jedoch verbürgt *Allherrschaft*; und es ist Wotans *großer Gedanke*, daß ein Held, der nicht an den Vertrag zwischen Göttern und Riesen gebunden ist, den Wurm erschlagen und den Ring gewinnen soll, ohne von Wotan, der als *Herr der Verträge* nicht zu deren Brechung anstiften darf, beeinflußt zu sein. Der unabhängige Held jedoch, den Wotan braucht, stellt sich außerhalb der Gesetze, die Wotan repräsentiert (und deren Runen in seinen Speer eingeschnitten sind): Der Freie ist der Gesetzlose. (Wotans Vertrag mit den Riesen erscheint in mythischer Verallgemeinerung als Inbegriff einer Welt der Verträge und Gesetze, durch die das Chaos und die blinde Gewalt eingedämmt wurden.) Siegmund, der erwählte Held, der Wälsung und Wotanssohn, bricht die Ehe seiner Schwester Sieglinde mit Hunding und heiratet Sieglinde. Ist aber die Außergesetzlichkeit des Helden einerseits die Voraussetzung, unter der Wotans *großer Gedanke* einzig verwirklicht werden kann, so ist sie andererseits das Verhängnis, das die Realisierung durchkreuzt; das Rettende wird, in tragischer Dialektik, zum Vernichtenden. Als *Herr der Verträge* ist Wotan gezwungen, Ehebruch und Inzest zu bestrafen. (Der Inzest ist nach Wagner nicht etwa Unnatur, sondern Natur im Widerspruch zum Gesetz. In OPER UND DRAMA heißt es: *Verging sich Ödipus gegen die menschliche Natur, als er seiner Mutter sich vermählte? Ganz gewiß nicht. Die verletzte Natur hätte sich sonst dadurch offenbaren müssen, daß sie aus dieser Ehe keine Kinder entstehen ließ; gerade die Natur zeigte sich aber ganz willig.*) Das Schwert, das Wotan Siegmund geschenkt hatte, um ihn für den Drachenkampf zu rüsten, zerbricht an Wotans Speer, dem Symbol für Vertrag und Gesetz. Die Walküre Brünnhilde, die Siegmund gegen Wotan zu schützen versuchte – ihre Auflehnung ist Gehorsam gegen das, was Wotan insgeheim wollte, aber nicht wollen durfte –, wird von Wotan *für ihren Ungehorsam gestraft: er verstößt sie aus der Schar der Walküren und bannt sie auf einen Felsen, wo sie, die göttliche Jungfrau, dem Manne vermählt werden soll, der sie dort findet und aus dem Schlafe erweckt, in den Wotan sie versenkt: sie erfleht sich als Gnade, Wotan möge den Felsen mit Schrecken des Feuers umgeben, damit sie sicher sei, daß sie nur der kühnste Held gewinnen können würde.* Der *kühnste Held* ist Siegfried, der Sohn Siegmunds und Sieglindes. Er wächst in der Wildnis bei dem Nibelungen Mime, dem Bruder Alberichs, auf. Unter Mimes Anleitung fügt er die Stücke von Siegmunds Schwert zusammen und erschlägt, angestiftet von Mime, den Wurm, der den Nibelungenhort hütet. *Als er seine vom Blute des Wurmes erhitzten Finger zur Kühlung in den Mund führt, kostet er unwillkürlich von dem Blute und versteht dadurch plötzlich die Sprache der Waldvögel, welche um ihn herum singen. Sie preisen Siegfrieds ungeheure Tat, verweisen ihn auf den Nibelungenhort in des Wurmes Höhle und warnen ihn vor Mime, der ihn nur verwendet habe, um zu dem Horte zu gelangen, und der nun nach seinem Leben trachte, um den Hort für sich allein zu behalten. Siegfried erschlägt hierauf Mime und nimmt von dem Horte den Ring und die Tarnkappe: er vernimmt die Vögel wieder, welche ihm raten, das herrlichste Weib, Brünnhilde, zu gewinnen. Siegfried zieht nun aus, erreicht die Felsenburg Brünnhildes, dringt durch das umlodernde Feuer, erweckt Brünnhilde; sie erkennt freudig Siegfried, den herrlichsten Helden vom Wälsungenstamm und ergibt sich ihm: er vermählt sich ihr durch den Ring Alberichs, den er an ihren Finger steckt.*

Siegfried ist, wie Siegmund, außerhalb der Welt der Verträge und Gesetze aufgewachsen, in einer Wildnis, die von Wotan gemieden wird; das Schwert, das er trägt, erscheint als Gegensymbol zu Wotans Speer. Er ist der freie, natürliche Mensch, den Wagner in der Vorzeit suchte, weil er ihn für die Zukunft ersehnte – daß Roheit die Kehrseite der *Unwillkür* ist, störte ihn nicht (sich selbst sah er im Bilde Wotans, des resignierenden Gottes). Nach dem Drachenkampf aber verstrickt sich Siegfried in die Welt, die er nicht kannte, nur um so tiefer; der *freieste Held* wird zur Marionette in einer Intrige, deren Akteure Hagen und Brünnhilde sind. Alberichs Fluch, der auf dem Ring liegt, wird an Siegfried durch Hagen, den Sohn Alberichs, vollstreckt. Für Alberich soll Hagen den Ring, das Werkzeug und Symbol der Herrschaft, zurückgewinnen. Hagens Halbgeschwister, die Gibichungen Gunther und Gudrun (in der GÖTTERDÄMMERUNG Gutrune), fungieren in dem Spiel, das Hagen anstiftet, als betrogene Betrüger. *Gunther ist von Hagen darüber belehrt, daß Brünnhilde das begehrenswerteste Weib sei, und zu dem Verlangen nach ihrem Besitze von ihm angereizt, als Siegfried zu den Gibichungen an den Rhein kommt: Gudrun, durch das Lob, welches Hagen Siegfried spendet, in Liebe zu diesem entbrannt, reicht auf Hagens Rat Siegfried zum Willkommen einen Trank, durch Hagens Kunst bereitet und von der Wirksamkeit, daß er Siegfried seiner Erlebnisse mit Brünnhilde und seiner Vermählung mit ihr vergessen macht. Siegfried begehrt Gudrun zum Weibe: Gunther sagt sie ihm zu unter der Bedingung, daß er ihm zu Brünnhilde verhelfe. Siegfried geht darauf ein: sie schließen Blutsbrüderschaft und schwören sich Eide, von denen Hagen sich ausschließt.* Der Vergessenheitstrank ist eine Verlegenheit für Wagner-Interpreten, deren klassizistischem Geschmack das drastisch-theatralische Requisit peinlich ist. Er hat jedoch – was immer wieder verkannt worden ist – weniger bewirkende als verdeutlichende Funktion: Er soll, kaum anders als der Liebestrank in TRISTAN UND ISOLDE, theatralisch-symbolisch sichtbar machen, was unausgesprochen der Fall ist. Adäquat begriffen erscheint er als Ausdruck und Instrument der tragischen Dialektik, in der sich Siegfried verfängt, der Dialektik der *Unwillkür*. Um das Gehäuse der Verträge und Gesetze zu zerbrechen, das für Wotan Stütze und Hemmung zugleich darstellt, muß Siegfried der *unwillkürliche*, reflexionslose Held sein, der nur seinen Impulsen folgt. Die Unmittelbarkeit aber, die einerseits Emanzipation bedeutet, ist andererseits Befangenheit, Eingeschlossensein im Augenblick, im jeweiligen Jetzt und Hier. Indem aber Siegfried, wie Parsifal, der *reine Tor*, ungeteilt der Gegenwart angehört, verblaßt ihm die Vergangenheit; und als Gedächtnisloser fällt er der Hagen-Intrige zum Opfer. Siegfrieds Untergang ist in dem tragischen Widerspruch begründet, daß die Unwillkür und Unmittelbarkeit, durch die er berufen ist, sich und andere aus den Verstrickungen der Verträge, Gesetze und Reflexionen zu retten, andererseits als Erinnerungsschwäche das Verderben herbeizieht. Der Weg, der dem Unheil ausweicht, führt zu ihm hin.

Der Rest der Handlung ist Vollzug der Intrige. Siegfried dringt, unter dem Schutz des Tarnhelms, der ihm Gunthers Gestalt verleiht, durch das Feuer zu Brünnhilde vor, entreißt ihr den Ring und bringt sie zum Schiff, um dort mit dem wahren Gunther die Rolle zu tauschen. *Gunther erreicht mit Brünnhilde, welche ihm in düstrem Schweigen folgt, auf dem Rheine die Heimat: Siegfried, an Gudruns Seite, und Hagen empfangen die Ankommenden. Brünnhilde ist entsetzt, da sie Siegfried als Gudruns Gemahl erblickt: seine kalte, freundliche Gelassenheit ihr gegenüber macht sie staunen; da er sie an Gunther zurückweist, erkennt sie den Ring an seinem Finger: sie ahnt den Betrug, der ihr gespielt, und fordert den Ring, der nicht ihm gehöre, sondern den Gunther von ihr empfangen: er verweigert ihn.* Der Betrug durch den Rollentausch wird offenbar; und Brünnhilde, Hagen und Gunther verschwören sich zum Mord an Siegfried. Am nächsten Morgen, bei einer Jagd, verirrt sich Siegfried in eine Felsenschlucht am Rhein. Er trifft die Rheintöchter, die von ihm den Ring, das geraubte Rheingold, zurückfordern. Da sie ihm jedoch mit Unheil drohen, weigert er sich. *Er hat schuldlos,* heißt es in dem Prosaentwurf von 1848, *die Schuld der Götter übernommen, ihr Unrecht büßt er an sich durch seinen Trotz, seine Selbständigkeit.* Siegfrieds *Trotz*, die Furchtlosigkeit und Unabhängigkeit, ist also wie die *Unwillkür* zugleich Rettendes, das aus den Verstrickungen in Verträge und Gesetze herausführt, und Vernichtendes, das ins Verderben zieht. Die *Torheit* ist Schutz und Falle.

Hagen tötet Siegfried. Aber der Mord, Alberichs Rache an Wotan, ist vergeblich. *Hagen will der Leiche den Ring entziehen, sie hebt drohend die Hand empor; Hagen weicht entsetzt zurück.* Brünnhilde, die am Ende Hagens Intrige durchschaut und Siegfrieds Schuldlosigkeit erkennt – sofern der Vergessenheitstrank sie verbürgt –, verbrennt mit Siegfrieds Leiche sich selbst, um den Fluch auszulöschen und den Ring zu entsühnen, der zu den Rheintöchtern zurückkehrt, wieder aufgelöst in das Rheingold, aus dem er geschmiedet wurde. Die Herrschaft, deren Zeichen der Ring war, eine Herrschaft, in der Verträge und Gewalt sich verschränkten, ist aufgehoben in das *Reich der Freiheit*, das Siegfried und Brünnhilde antizipierten. «Das tragische Opfer aber», heißt es in Walter Benjamins «Ursprung des deutschen Trauerspiels», «ist in seinem Gegenstande – dem Helden – unterschieden von jedem anderen und ein erstes und letztes zugleich. Ein letztes im Sinne des Sühnopfers, das Göttern, die ein altes Recht behüten, fällt; ein erstes im Sinn der stellvertretenden Handlung, in welcher neue Inhalte des Volkslebens sich ankündigen.»

4

«Das ist die Stellung der Heroen in der Weltgeschichte überhaupt; durch sie geht neue Welt auf», heißt es in Hegels «Geschichte der Philosophie». Und unleugbar ist der Schluß von SIEGFRIEDS TOD, konzipiert im Revolutionsjahr 1848, als mythisches Bild und dramatische Antizipation des Aufgangs einer neuen Welt gemeint. *Gelöst sei der Nibelungen Knechtschaft, der Ring soll sie nicht mehr binden.* Brünnhildes Schlußworte, gerichtet an Wotan, den Gott des *alten Gesetzes*, stehen jedoch quer zur Tendenz des Werkes oder durchkreuzen sie sogar:

> *Nur einer herrsche:*
> *Allvater! Herrlicher du!*
> *Freue dich des freiesten Helden!*
> *Siegfried führ' ich dir zu:*
> *biet' ihm minnlichen Gruß,*
> *dem Bürgen ewiger Macht!*

Zu rechtfertigen wäre der Schluß mit dem Argument, daß durch Siegfrieds und Brünnhildes Tod, der ein Opfer- und Sühnetod sei, die Schuld ausgelöscht werde, in die sich Wotan als *Herr der Verträge* verstrickt habe; der Fluch, der auf der Macht (deren Zeichen der Ring ist) lag – Ausdruck der fatalen Dialektik, daß das Gesetz, das Gerechtigkeit verbürgen soll, mit Gewalt und Unterdrückung verquickt ist –, sei aufgehoben und die Utopie einer schuldlosen Herrschaft zeichne sich ab. Brünnhildes Schlußworte stehen jedoch in schroffem Widerspruch zu einer philosophisch programmatischen Stelle des Prosaentwurfs von 1848, an der unmißverständlich von einer *Selbstvernichtung* der Götter die Rede ist – die Überwelt ist, um mit Feuerbach zu sprechen, aufgehoben, wenn der Mensch in dem Gott, den er sich gemacht hat, sich selbst erkennt. *Zu dieser hohen Bestimmung, Tilger ihrer eigenen Schuld zu sein, erziehen nun die Götter den Menschen, und ihre Absicht würde erreicht sein, wenn sie in dieser Menschenschöpfung sich selbst vernichteten, nämlich in der Freiheit des menschlichen Bewußtseins ihres unmittelbaren Einflusses sich selbst begeben müßten.* (Der Versuch von William A. Ellis, die Stelle als spätere Interpolation zu erklären, um den Widerspruch zu den Schlußworten aufzulösen, ist philologisch haltlos.)

Sofern der RING außer einer mythischen Tragödie auch eine politische Parabel ist – erinnert sei an Bernard Shaws Dechiffrierung als Naturgeschichte des Kapitalismus –, mag es naheliegen, an ein politisches

Motiv zu denken, das die dramatische Konzeption beeinflußte und den Schluß bestimmte. Eine Flugschrift Wagners vom 14. Juli 1848, WIE VERHALTEN SICH REPUBLIKANISCHE BESTREBUNGEN DEM KÖNIGTUM GEGENÜBER?, ist um eine These zentriert, die auffällig an Brünnhildes Schlußworte erinnert: *Wir dürfen nur fordern, daß der König der erste und allerechteste Republikaner sein sollte. Und ist Einer mehr berufen, der wahrste, getreueste Republikaner zu sein als gerade der Fürst?* Das politische Paradoxon, die dialektische Verkleidung eines Dranges nach Versöhnung, kehrt im Drama wieder: Der Monarch soll herrschen, aber als Republikaner.

Das politische Motiv wäre jedoch schwerlich wirksam geworden ohne Korrelat in der Konstruktion des Dramas. Und das technisch dramaturgische Moment, an das es sich anklammern konnte, war ein Widerspruch zwischen der *dichterischen Absicht* (um Wagners Terminus aus OPER UND DRAMA zu gebrauchen) und deren dramatisch-theatralischer Verwirklichung. Daß die *Welt der Verträge,* die Wotan repräsentiert, durch ein *Reich der Freiheit* abgelöst wird, wie es Siegfried und Brünnhilde einen glücklichen Augenblick lang antizipieren, ist zwar die tragende Idee des Werkes, die der Prosaentwurf ausspricht, eine Idee jedoch, die in SIEGFRIEDS TOD – vor der Erweiterung zur Ring-Tetralogie – bloße Tendenz bleibt: Sie erscheint als Überschuß an Intention ohne sinnfällige dramatisch-theatralische Realisierung. Sichtbar ist die Hagen-Intrige, der Siegfried zum Opfer fällt, sowie das Unheil, das von dem Ring ausgeht, bis der Fluch ausgelöscht ist. Der Göttermythos aber bleibt, um mit Wagner zu sprechen, *ungegenwärtig.* Und die Folge ist eine Vergröberung der tragischen Dialektik, die der Prosaentwurf skizzierte, zum simplen Kontrast. Nicht die Dialektik Wotans und Siegfrieds bestimmt die Handlung von SIEGFRIEDS TOD, sondern der Schwarz-Weiß-Gegensatz zwischen Hagen und Siegfried, hinter denen Alberich und Wotan stehen. Dramaturgisch ist Wotan der Gott Siegfrieds, wie Alberich der Gott oder Widergott Hagens ist. Und darum muß, wenn Hagens Intrige scheitert und Siegfried durch seinen Tod die Idee rettet, die er im Leben verraten hat, am Ende Wotan die Herrschaft zufallen. Der dialektisch falsche Schluß erscheint dramatisch-theatralisch – da die sichtbare Gestalt des Werkes durch einfache Kontraste bestimmt ist – als der einzige triftige. Als aber Wagner die Heroentragödie zum Doppeldrama und schließlich zur Tetralogie erweiterte, so daß die tragische Dialektik der Wotan-Handlung sichtbar gemacht werden konnte, statt bloß gedanklich skizziert zu werden, mußte er den Schluß ändern. Aus SIEGFRIEDS TOD wurde die GÖTTERDÄMMERUNG.

Daß zu Brünnhildes Schlußworten nicht weniger als fünf Varianten existieren, ist ein Zeichen für Wagners Unsicherheit angesichts der Divergenz zwischen *dichterischer Absicht* und dramatisch-theatralischer Struktur. Der Philosoph Wagner geriet in Widerspruch zu dem Theatraliker, für den einzig das Sichtbare zählte. Die erste Variante, die noch aus dem Jahre 1849 zu stammen scheint, läßt die ursprüngliche Tendenz unangetastet, obwohl sie das Herrscherlob im Ton herabstimmt. Erst die zweite ersetzt die Herrschaft der Götter durch deren Untergang und *selige Todeserlösung*. Der Mensch, zum Bewußtsein seiner selbst erwachsen, bedarf der Götter nicht mehr, die er als Ausdruck und Rechtfertigung seiner inneren und äußeren Unfreiheit durchschaut.

> *Machtlos scheidet*
> *die die Schuld nun meidet*
> *Eurer Schuld entsproß der froheste Held,*
> *dessen freie Tat sie getilgt:*
> *erspart ist euch der bange Kampf*
> *um eure endende Macht:*
> *erbleichet in Wonne vor des Menschen Tat,*
> *vor dem Helden, den ihr gezeugt!*
> *Aus eurer bangen Furcht*
> *verkünd' ich euch selige Todeserlösung!*

Die Entstehungszeit der Variante ist ungewiß. Was sie in dithyrambischem Stil ausdrückt, ist in dem Prosaentwurf von 1848 (DIE NIBELUNGENSAGE) in philosophischer Abbreviatur bereits vorgezeichnet. Doch setzt andererseits der Untergang der Götter als dramatisch – und nicht nur gedanklich – begründeter und gerechtfertigter Schluß die sichtbare Darstellung des Wotan-Dramas, also die Ergänzung von SIEGFRIEDS TOD (in dem Wotan keine dramatis persona ist) durch den JUNGEN SIEGFRIED (in dessen Schlußakt Wotans Speer, das Symbol des *alten Gesetzes*, an Siegfrieds Schwert zersplittert) voraus, so daß die Vermutung naheliegt, daß die Variante im Zusammenhang mit dem JUNGEN SIEGFRIED, im Frühsommer 1851, konzipiert wurde.

Die dritte Variante – von der vierten und fünften kann erst in Verbindung mit einer Analyse der Komposition die Rede sein – ist 1852, nach der Erweiterung des Doppeldramas zur Tetralogie, entstanden. SIEGFRIEDS TOD ist zur GÖTTERDÄMMERUNG geworden, die mit dem Brand Walhalls endet.

> *Denn der Götter Ende dämmert nun auf.*
> *So – werf' ich den Brand*
> *in Walhalls prangende Burg.*

Was in der zweiten Variante durch Worte ausgedrückt wurde, die *selige Todeserlösung* der Götter, ist in der dritten zum theatralischen

Ereignis geworden. Und die Betonung durch Sichtbarkeit hängt mit der Erweiterung des Werkes zur Tetralogie eng zusammen: Der Brand Walhalls ist weniger der Schluß von SIEGFRIEDS TOD (oder der GÖTTERDÄMMERUNG) als das Ende der Wotan-Tragödie, und er mußte theatralisch akzentuiert werden, um über die Siegfried-Handlung hinweg als Ziel und Konsequenz der früheren Teile des Zyklus zu wirken.

Andererseits erinnert der GÖTTERDÄMMERUNG-Schluß an Wagners anarchistische Neigungen und an seine Verbindung mit Bakunin, die so flüchtig nicht war, wie sie in der Darstellung des späteren Wagner und der Bayreuther Traditionshüter erscheint. (Wiederum ist, nicht anders als beim ersten Schluß, das politische Moment mit dem dramaturgischen verquickt, und das politische wird erst wirksam, wenn es sich an das dramaturgische anklammern kann.) Am 22. Oktober 1850 – anderthalb Jahre nach der Flucht aus Dresden – schrieb Wagner an Theodor Uhlig: *Wie wird es uns aber erscheinen, wenn das ungeheure Paris in Schutt gebrannt ist, wenn der Brand von Stadt zu Stadt hinzieht, wenn sie endlich in wilder Begeisterung diese unausmistbaren Augiasställe anzünden, um gesunde Luft zu gewinnen? – Mit völligster Besonnenheit und ohne allen Schwindel versichere ich Dir, daß ich an keine andere Revolution mehr glaube, als an die, die mit dem Niederbrande von Paris beginnt.* Den Anarchismus – einen Anarchismus, in dem die Politik literarisch und die Literatur politisch anmutet – hat der Bayreuther Wagner widerrufen und verleugnet – Marx sprach 1876, als die GÖTTERDÄMMERUNG uraufgeführt wurde und Wagner die Majestäten Europas dazu einlud, sogar vom «Staatsmusikanten Wagner». Den ästhetischen Widerschein aber, den Schluß der GÖTTERDÄMMERUNG, ließ er unangetastet: als caput mortuum einer verlorenen Revolution.

5

Die Ausdehnung der Heldensage zum Göttermythos, des Siegfried-Dramas zur Wotan-Tragödie, bedeutet nicht allein eine szenische Verwirklichung und Verdeutlichung der im Prosaentwurf von 1848 skizzierten *dichterischen Absicht*, sondern schloß tiefgreifende Veränderungen der dramatisch-gedanklichen Konzeption des Werkes ein. Ein entscheidendes, zentrales Motiv der RING-Tetralogie von 1852, die Verfluchung der Liebe durch Alberich – eine Verfluchung, durch die ihm die Macht zuwächst, aus dem geraubten Rheingold den Ring zu schmieden –, fehlt in dem Prosaentwurf von 1848 und in SIEGFRIEDS TOD. Das Thema von SIEGFRIEDS TOD – ein Thema, das dann in der

Ring-Tetralogie zwar nicht ausgelöscht, aber zurückgedrängt wird – ist die Dialektik des Übergangs von der *Welt der Verträge* in das *Reich der Freiheit*, von der Befangenheit im Göttergesetz zur *Unwillkür* des Menschen. Das alte Gesetz, dessen Runen in Wotans Speer eingeschnitten sind, ist mit Schuld verquickt: Die Gewalt zum Guten ist, obwohl sie durch ihr Ziel gerechtfertigt erscheint, dennoch Gewalt. *Die Absicht ihrer – der Götter – höheren Weltordnung ist sittliches Bewußtsein: das Unrecht, das sie verfolgen, haftet aber an ihnen selber; aus den Tiefen Nibelheims grollt ihnen das Bewußtsein ihrer Schuld entgegen.* Und in OPER UND DRAMA (1850/51) skizziert Wagner eine Dialektik des Staates, die nichts anderes als die Dialektik Wotans ist. *Seit dem Bestehen des politischen Staates geschieht kein Schritt in der Geschichte, der, möge er selbst mit noch so entschiedener Absicht auf seine Befestigung gerichtet sein, nicht zu seinem Untergange hinleite … die allen Gliedern der Gesellschaft gemeinsame Notwendigkeit der freien Selbstbestimmung des Individuums heißt aber so viel als – den Staat vernichten.* (Wagner begreift, nicht anders als Marx, die Aufhebung der *Entfremdung* als *Absterben des Staates*.) Ins dramatisch Metaphorische gewendet: Der Bau Walhalls, der Wotans Herrschaft fester fundieren soll, zieht, da er mit dem geraubten Nibelungenring bezahlt werden muß, das Unheil herbei, das an dem Ring haftet.

Andererseits gerät die Freiheit vom Göttergesetz, die in Siegfried Gestalt geworden ist, gleichfalls in Schuld (auch Siegfried besitzt, zu seinem Verderben, den Ring): Der Mord an Fafner – dem Drachen, der den Nibelungenhort, *das Eigentum*, hütet – ist die *freieste Tat* und dennoch Mord. Zudem ist Siegfrieds Freiheit noch dumpf und ihrer selbst kaum bewußt; und die Befangenheit in der unmittelbaren Gegenwart ist einerseits, als Emanzipation von der Vergangenheit und ihren Gesetzen und Gewalten, die Voraussetzung der *freiesten Tat*; andererseits ist sie, wie früher dargestellt, der Grund der tragischen Verstrickung, der Siegfried zum Opfer fällt. Erst in Brünnhilde kommt die Freiheit zum Bewußtsein ihrer selbst; durch Brünnhilde, die göttlich war und menschlich geworden ist, also die *Selbstvernichtung* der Götter und die Aufhebung in die *Freiheit des menschlichen Bewußtseins* in sich selbst vollzogen hat, *geht neue Welt auf.* Ist es in SIEGFRIEDS TOD die kaum entwirrbare Dialektik von Gesetz, Emanzipation und Gewalt, in der die Tragik der Ereignisse – der Mythen als politischer Parabel – ihren gedanklichen Grund hat, so bildet in der RING-Tetralogie die Verfluchung der Liebe um der Macht willen das treibende Motiv der Handlung. Bei Alberich, dem Herrn der Unterwelt, tritt es in der Anfangsszene aus RHEINGOLD mit plebejischer Drastik hervor, bei Wotan, dem *Licht-Alberich*, ist es zur aristokratischen Attitüde gemildert:

Als junger Liebe
Lust mir verblich,
  verlangte nach Macht mein Mut.

Der Dramatiker Wagner aber, der zugleich und in eins Theatraliker und Dialektiker war, mußte nach einer Möglichkeit suchen, aus dem Schwarz-Weiß-Gegensatz – der auch dann noch als Platitüde erscheint, wenn er sich, statt bloß auf Personen verteilt zu sein (Alberich und Hagen gegenüber Brünnhilde und Siegfried), ins Innere einer Person hinein fortsetzt (Wotan) – eine tragische Dialektik zu entwickeln, die einerseits den einfachen Kontrast differenziert und andererseits geeignet ist, das ganze Drama, die aus heterogenen Handlungen zusammengesetzte Tetralogie, zu umspannen. Eine Deutung des RING muß, wenn sie dem Kunstverstand Wagners gerecht werden soll, die thematisch-gedankliche Einheit der Wotan- und der Siegfried-Handlung begreiflich machen. (Die These, daß das Siegfried-Drama eine bloße Funktion der Wotan-Tragödie sei, mag in abstracto einleuchten, scheitert aber an der sinnfälligen Tatsache, daß die Siegfried-Handlung zwei Teile der Tetralogie umfaßt.)

Der Gedanke, durch den das Motiv des Liebesfluchs – ein Motiv, das in SIEGFRIEDS TOD noch fehlte – tragisch fruchtbar wurde, war Wagners Deutung der Lieblosigkeit als Furcht. In einem Brief an August Röckel vom 25. Januar 1854 heißt es zur Erläuterung einiger Abweichungen im Text des RHEINGOLD: *Statt der Worte: ‹ein düstrer Tag dämmert den Göttern: in Schmach doch endet dein edles Geschlecht, läßt du den Reif nicht los!› lasse ich jetzt Erda nur sagen: ‹Alles was ist – endet: ein düstrer Tag dämmert den Göttern: Dir rat’ ich, meide den Ring!›* – *Wir müssen sterben lernen, und zwar sterben im vollständigsten Sinne des Wortes; die Furcht vor dem Ende ist der Quell aller Lieblosigkeit, und sie erzeugt sich nur da, wo selbst bereits die Liebe erbleicht.* Sowohl Furcht als auch Furchtlosigkeit, die Furcht Wotans und die Furchtlosigkeit Siegfrieds, sind im RING tragisch-dialektische Motive. Und die Antithese von Furcht und Furchtlosigkeit verknüpft dadurch, daß die entgegengesetzten Tendenzen in die gleiche Tragik hineingerissen werden, die Wotan- mit der Siegfried-Handlung, den Göttermythos mit dem Heroendrama.

Erda, die chthonische Göttin, die in der Schlußszene des RHEINGOLD Wotan vor dem Untergang der Götter warnt, gleicht dem Orakel der antiken Tragödie, das eine Falle bedeutet: Die Warnung ist eine Prophezeiung, die sich gerade dadurch, daß sie ausgesprochen wird, erfüllt. Denn die Wege, die der vom Verhängnis Gezeichnete einschlägt, um dem Verderben zu entkommen, führen ihn – in tragischer Verkehrung – dem Unheil entgegen; was ihn retten sollte, vernichtet ihn. Wotans *großer Gedanke*, durch den er Walhall vor dem Untergang bewahren will: der Gedanke, daß ein Held, *frei vom Göttergesetz*, den Drachen erschlagen soll, den Wotan nicht selbst töten darf, erweist sich als verderblich. Denn dadurch, daß Siegfried Fafner erschlägt, weckt er das schlafende Unheil. (Daß in dem Prosaentwurf von 1848 die Nornen – statt Erda – die Götter vor dem Untergang warnen, ohne daß sich das Orakel erfüllt, ist ein dramaturgischer Mangel und ein Argument gegen die Legitimität des ersten Schlusses: Die bange Erwartung eines Endes, das sich durch Zeichen ankündigt, bedeutet eine Spannung, deren Auflösung zum Guten nur der Komödie, nicht der Tragödie erlaubt ist.)

Wie ausschlaggebend das dialektische Motiv der Furcht und der Furchtlosigkeit für Wagner war, zeigt ein Brief an Theodor Uhlig vom 10. Mai 1851 über die Entstehung des JUNGEN SIEGFRIED (der Vorform zu SIEGFRIED): *Habe ich Dir nicht früher schon einmal von einem heitren Stoffe geschrieben? Es war dies der Bursche, der auszieht, ‹um das Fürchten zu lernen› und so dumm ist, es nie lernen zu wollen. Denke Dir meinen Schreck, als ich plötzlich erkenne, daß dieser Bursche niemand anderes ist, als – der junge Siegfried, der den Hort gewinnt und Brünnhilde erweckt!* Die Furchtlosigkeit aber, mit der Siegfried Wotans *großen Gedanken* verwirklicht, bedeutet andererseits sein Verderben. Als die Rheintöchter von Siegfried den Ring fordern und ihm mit Unheil drohen, mißachtet er – aus Furchtlosigkeit – die Warnung.

> *Denn Leben und Leib*
> *– sollt' ohne Lieb'*
> *in der Furcht Bande*
> *bang ich sie fesseln –*
> *Leben und Leib –*
> *seht! – so*
> *werf' ich sie weit von mir!*
> *(Er hat eine Erdscholle vom Boden aufgehoben und mit den letzten Worten über sein Haupt hinter sich geworfen.)*

Der kryptische Spruch enträtselt sich erst, wenn die Gleichsetzung von Liebe und Furchtlosigkeit (und Lieblosigkeit und Furcht) als Wagnersches Grundmotiv erkannt ist. Ist Furcht der Tod der Liebe, so bedeutet andererseits der leibliche Tod, den Siegfried nicht fürchtet, die Rettung der Liebe, die er verraten hat, ohne es zu wissen.

6

1854 las Wagner, angeregt durch Georg Herwegh, Schopenhauers «Welt als Wille und Vorstellung», und er glaubte, in der Philosophie der Entsagung, der «Verneinung des Willens», die eigene Stimmung von Trostlosigkeit – deren Trost die Erkenntnis ihrer selbst ist – wiederzuerkennen. An August Röckel schrieb er im Februar 1855: *Wiewohl er* (Schopenhauer) *mir eine, von meiner früheren ziemlich abweichende Richtung gegeben hat, entsprach doch diese Wendung einzig meinem tiefleidenden Gefühle vom Wesen der Welt.*

Daß Wagner, dessen Überzeugungen eher aus den Werken erwuchsen als umgekehrt die Werke aus den Überzeugungen, gerade 1854, als er an der WALKÜRE arbeitete, den Einfluß Schopenhauers als philosophischen Schock erfuhr, ist kein Zufall. Denn im zweiten Akt der WALKÜRE erscheint Wotan als resignierender Gott, der sich selbst und sein Werk verneint und preisgibt, als er den Widerspruch erkennt, in den er sich verfangen hat: Daß Siegmund außerhalb der Gesetze steht, ist die Bedingung der *freiesten Tat*, zu der ihn Wotan bestimmt hat, zwingt aber andererseits Wotan, den *Herrn der Verträge*, sich gegen ihn zu wenden.

> *Auf geb' ich mein Werk;*
> *eines nur will ich noch:*
> *das Ende – –*
> *das Ende! –*
> *Und für das Ende*
> *sorgt Alberich!*

Philosophierende Wagner-Hermeneuten, unter deren Blick sich Dichtungen in Allegorien verwandeln, zögerten nicht, Wotan als Gestalt gewordenen «Willen» und die Resignation, der er sich überläßt, als «Verneinung des Willens», die RING-Tetralogie also als tönende und in Worte gefaßte Schopenhauersche Metaphysik zu deuten. Und auch Wagner selbst glaubte, wie er am 23. August 1856 an Röckel schrieb, daß er erst durch Schopenhauers Philosophie den Sinn des eigenen Werkes erkannt habe. *Kaum bemerkte ich nun aber, wie ich mit der Ausführung, ja im Grunde schon mit der Anlegung des Planes, unbewußt einer ganz anderen, viel tieferen Anschauung folgte* – eben der Schopenhauerschen – *und, anstatt einer Phase der Weltentwickelung, das Wesen der Welt selbst, in allen seinen nur erdenklichen Phasen, erschaut und in seiner Nichtigkeit erkannt hatte, woraus natürlich, da ich meiner Anschauung, nicht meinen Begriffen treu blieb, etwas ganz anderes zu Tage kam, als ich mir eigentlich – gedacht hatte. Doch entsinne ich mich, schließlich meine Absicht gewaltsam einmal zur Geltung gebracht* zu haben, und zwar – zum einzigsten Male – in der tendenziösen Schlußphrase, welche Brünnhilde an die Umstehenden richtet, und, von der Verwerflichkeit des Besitzes ab, auf die einzig beseligende Liebe verweist, ohne (leider!) eigentlich mit dieser ‹Liebe› selbst recht in's Reine zu kommen, die wir, im Verlaufe des Mythos, eigentlich doch als recht gründlich verheerend auftreten sahen. Wagner meint die Schlußworte der Fassung von 1852/53, Worte, die er von der Komposition der GÖTTERDÄMMERUNG ausgeschlossen – und nur privat für Ludwig II. in Töne gefaßt – hat.

> *Nicht Gut, nicht Gold,*
> *noch göttliche Pracht;*
> *nicht Haus, nicht Hof,*
> *noch herrischer Prunk;*
> *nicht trüber Verträge*
> *trügender Bund,*
> *nicht heuchelnder Sitte*
> *hartes Gesetz:*
> *selig in Lust und Leid*
> *läßt – die Liebe nur sein.*

Wagner vertauscht, formelhaft gesprochen, die Geschichts- mit einer Existenzphilosophie und den Geist der Utopie mit dem der Resignation. Gezeigt werde im RING nicht *eine Phase der Weltentwickelung* – der Übergang von einer *Welt der Verträge*, in der Gesetz und Gewalt miteinander verquickt und trübe vermischt sind, in ein *Reich der Freiheit*, als dessen Antizipation die ursprüngliche, noch nicht tragisch verwirrte Liebe Siegfrieds und Brünnhildes erscheint –, sondern *das Wesen der Welt selbst*, in das man nicht verändernd eingreifen kann, ohne daß der Wille zum Besseren das Schlimmere herbeiführt. Im Geiste Schopenhauers, der den Optimismus als «ruchlos» verpönte, wurde der utopische Gehalt der RING-Tetralogie von Wagner destruiert und verleugnet. Die Liebe Siegfrieds und Brünnhildes erscheint als «verheerende» Macht, als blinder, zerstörender «Wille» in einer Welt der Qual und Verwirrung. Paradox ausgedrückt, besteht das «Wesen der Welt» in dem tragischen Widerspruch, daß das «Wesen», die Liebe, nicht Wirklichkeit zu werden vermag, sondern sich dadurch, daß es zur Realität und zur Befestigung in ihr drängt, selbst aufhebt und zerstört. Demnach ist auch der Tod Siegfrieds und Brünnhildes nicht das letzte Opfer, das einem alten Gesetz fällt, damit, nach Hegels Wort, «neue Welt aufgeht», sondern erscheint als das Siegel auf der Vergeblichkeit, mit der jeder Versuch, das Wesen zu verwirklichen, geschlagen ist. Der Rest ist Resignation, und der tragische Held der RING-Tetralogie ist nicht Siegfried, sondern Wotan.

Wagners Deutung des RING im Sinne der Schopenhauerschen Metaphysik ist kaum auf Widerspruch gestoßen, da sie zum Bilde des abgefallenen Revolutionärs paßte, das die Anhänger mit den Gegnern teilten (daß die einen von einer Umkehr zur Vernunft, die anderen von Verrat sprachen, änderte nichts an der gemeinsamen Voraussetzung). Dennoch ist sie brüchig. Zwar ist Wotan in der WALKÜRE ein resignierender Gott, der dann in SIEGFRIED als *Wanderer*, gleichsam als abgeschiedener Geist seiner selbst, umgeht. Aber das *Ende,* das er *will*, ist nicht das der Welt, sondern der Untergang der Götter; er ist der alten Herrschaft und der Schuld, in die sie sich verstrickte, überdrüssig. Die Resignation ist, nach den Worten des Prosaentwurfs von 1848, eine *Selbstvernichtung* der Götter, durch die den Menschen der Weg eröffnet wird, zum Bewußtsein ihrer Freiheit zu kommen. Und wenn Wotan ein Ende durch Alberich fürchtet, so erhofft er zugleich einen Untergang der Götter, der eine Erlösung der Menschen von Zwang und Angst bedeutet. Am Ende wird der Ring, das Zeichen von Gewalt und Unterdrückung, wieder in das Rheingold, aus dem er geschmiedet worden war, aufgelöst. Darum – nicht als *Verneinung des Willens* – ist die *Todeserlösung* der Götter *selig*.

Auch Wagners Wort von der *verheerenden* Wirkung der «Liebe» – die in Anführungszeichen zu setzen eine Roheit gegen das eigene Werk bedeutet – ist untriftig. Siegfrieds und Brünnhildes Liebe verstrickt sich nicht durch sich selbst in einen tragischen Widerspruch – sie zerstört sich nicht dadurch, daß sie sich zu verwirklichen und in der Realität zu befestigen sucht –, sondern sie wird, indem sie einer Gegenwelt zum Opfer fällt, von außen vernichtet. Vor allem aber ist sie, vor ihrer Verblendung und Verwirrung, Wirklichkeit gewesen; und daß sie es war, bedeutet ein Versprechen für die Zukunft.

Der Brief an Röckel ist mit dem Werk selbst, der Siegfried-Brünnhilde-Handlung, unvereinbar, und die Umdeutung des RING im Geiste Schopenhauers ist von Wagner – wenn auch nur implizit und an versteckter Stelle – widerrufen worden. Charakteristisch ist einerseits, daß Wagner im Sommer 1857 die Komposition des SIEGFRIED am Ende des zweiten Aktes abbrach: Der dritte Akt, die Erweckung Brünnhildes, war für ihn in der Stimmung, die der Brief an Röckel ausdrückte, nicht komponierbar. Anderthalb Jahre später aber, am 1. Dezember 1858, ist in einem Brief an Mathilde Wesendock von einer *Erweiterung* und partiellen *Berichtigung* der Schopenhauerschen Philosophie die Rede; und die Korrektur bedeutet nichts Geringeres als eine Verkehrung ins Gegenteil: *Es handelt sich nämlich darum, den von keinem Philosophen, namentlich auch von Schopenhauer nicht, erkannten Heilsweg zur vollkommenen Beruhigung des Willens durch die Liebe, und zwar nicht einer abstrakten Menschenliebe, sondern der wirklich, aus dem Grunde der Geschlechtsliebe, d.h. der Neigung zwischen Mann und Weib keimenden Liebe, nachzuweisen.* Die Utopie der Liebe als Erlösung von Furcht – eine Utopie, die in Siegfried und Brünnhilde Gestalt angenommen hatte – ist, wenn auch in Schopenhauerscher Färbung, wiederhergestellt. Und damit ist die Siegfried-Brünnhilde-Handlung für Wagner komponierbar geworden.

7

Charakteristisch für die dichterische Form der RING-Tetralogie ist der ebenso oft gerühmte wie verhöhnte Stabreim: Die Alliteration, die Wagner in OPER UND DRAMA durch eine weitgespannte dialektische Konstruktion der Dichtungs- und Musikgeschichte zu rechtfertigen versuchte. Der Rückgriff aufs Altdeutsche ist nicht als bloßes sprachliches Zeitkolorit, als Angleichung der Diktion an den Stoff des Dramas gemeint, sondern der Stabreim bildet wie der Mythos, dessen Ausdrucksform er ist, ein Mittel zur Restitution des *rein Menschlichen* in der Dichtung (die als *Kunstwerk der Zukunft* die Aufhebung der *Entfremdung* in der Wirklichkeit antizipiert). Wagner fühlte sich, wenn er Stäbe aneinanderreihte, dem verschütteten Ursprung der Dichtung nahe.

Musikalisch, als Voraussetzung und Grundlage der Komposition, ist allerdings der Stabreim – entgegen Wagners Theorie – von geringer Bedeutung, von geringerer jedenfalls als das negative Merkmal, dessen Kehrseite er in Wagners Verstechnik ist: der Verzicht auf das Gleichmaß der Verse. Die Anzahl der Hebungen, der Akzente, ist in Wagners Stabreim-Versen (anders als in den altdeutschen) unregelmäßig; manche Zeilen umfassen zwei, andere drei oder vier Hebungen. Der irreguläre Versrhythmus aber bedeutet nichts Geringeres als eine Auflösung des musikalischen Periodenschemas, also der syntaktischen Struktur, die im 18. und frühen 19. Jahrhundert das tragende Gerüst der Melodik, und zwar sowohl der instrumentalen als auch der vokalen, gebildet hatte. Rhythmische Regelmäßigkeit – Schematik, um es pejorativ auszudrücken – ist, in Wechselwirkung mit der Harmonik und der Motivik, formbildend. Melodieteile von gleicher Länge tendieren dazu, sich zu ergänzen und sich, wenn Harmonik und Motivik den Konnex unterstützen oder mindestens nicht durchkreuzen, zu einer Gruppe zusammenzuschließen. Das quantitative Moment erfüllt eine qualitative, syntaktische Funktion. Und zwar ist die klassische musikalische Syntax hierarchisch: Zwei korrespondierende Takte bilden eine Phrase, zwei Phrasen einen Halbsatz, zwei Halbsätze – Vorder- und Nachsatz – eine Periode. Eine Viertaktgruppe kann zwar, ohne daß das Korrespondenzprinzip aufgehoben wäre, zu drei Takten schrumpfen oder sich zu fünf Takten ausdehnen; soll aber die Syntax verständlich bleiben, so setzt die Ausnahme, die Abweichung von der Norm des Gleichmaßes, voraus, daß sich die Regel dem musikalischen Gefühl fest eingeprägt hat.

In Wagners musikalischer Syntax ist die klassische Norm aufgehoben. Die Stabreim-Verse zu Anfang von Waltrautes Erzählung im ersten Akt der GÖTTERDÄMMERUNG sind unregelmäßig aneinandergefügt; und es scheint, als sei der Stabreim von Wagner als Ausgleich und Rechtfertigung des irregulären Versrhythmus empfunden worden: Er wäre demnach, so gering seine manifeste musikalische Bedeutung ist, der dichterische Rechtsgrund für Wagners Tendenz zur Emanzipation vom musikalischen Periodenschema, eine Tendenz, die ihn zum Verzicht auf das Gleichmaß der Hebungen trieb.

1 *Seit er von dir geschieden,*
2 *zur Schlacht nicht mehr*
3 *schickte uns Wotan;*
4 *irr und ratlos*
5 *ritten wir ängstlich zu Heer.*
6 *Walhalls mutige Helden*
7 *mied Walvater:*
8 *einsam zu Roß*
9 *ohne Ruh' und Rast*
10 *durchstreift' er als Wandrer die Welt.*

Die Behauptung, daß die Alliteration Ausdruck und klangliches Zeichen semantischer Zusammenhänge sei, daß also in der Regel Stabreime und Sinnakzente zusammenträfen, wäre eine Übertreibung aus apologetischem Eifer. Nicht selten bleibt entweder ein Hauptakzent außerhalb des Reims (1: *dir*, 8: *einsam*), oder der Reim verbindet ein akzentuiertes Wort (*mied* in 7) mit einem unwesentlichen (*mutige* statt *Helden* in 6). Ist demnach – und anderes ist gar nicht zu erwarten – die zusammenschließende Wirkung des Stabreims gering, so ist die auflösende des irregulären Versrhythmus, dessen Kehrseite die Alliteration darstellt, um so deutlicher. Die Länge der melodischen Phrasen, die den Textzeilen in Waltrautes Erzählung entsprechen, wechselt, ohne daß eine Regel erkennbar wäre: $1 + \frac{1}{2} + 1 + 1 + 1 + 2 + 1\frac{1}{2} + 1 + 1 + 1\frac{1}{2}$ Takte. Man kann ohne Übertreibung von musikalischer Prosa sprechen. Und auch die Gruppen, die durch Zusammenfassung semantisch eng verbundener Zeilen entstehen, also die Zeilenkomplexe 1–3, 4–5, 6–7 und 8–10, sind in ihrer Taktanzahl irregulär: $2\frac{1}{2} + 2 + 3\frac{1}{2} + 3\frac{1}{2}$. Die Lücken im Taktgefüge, die durch Halbtaktanfänge oder -endungen der Vokalphrasen entstehen, werden zwar durch Orchestermotive ausgefüllt. Aber auch die musikalische Syntax, die aus dem Ineinandergreifen von Vokal- und Instrumentalmelodik resultiert, ist nichts weniger als regelmäßig. Denn erstens wechseln in der *Orchestermelodie*, wie Wagner sie nannte, Zwei-, Drei- und Viertaktgruppen miteinander (und die Viertaktgruppe am Schluß der zitierten Periode, das *Unruhemotiv*, besteht nicht aus 2+2, sondern aus 1+2+1 Takten). Zweitens sind Vokalphrasen und Instrumentalmotive nicht selten miteinander verschränkt, statt analog gegliedert zu sein: die erste Vokalphrase, die 2½ Takte umfaßt, wird zwar durch das Orchester zur Dreitaktgruppe ergänzt; doch bildet der dritte Takt, der in der Vokalmelodie als Schlußtakt fungiert, in der Orchestermelodie einen Anfangstakt, den Beginn eines zweitaktigen Motivs. Drittens sind die Orchestermotive im RING eher aneinandergereiht, als daß sie sich harmonisch und melodisch ergänzen und als Vorder- und Nachsatz zu einer Periode im Sinne der klassischen musikalischen Syntax zusammenschließen. Wagners syntaktische Grundform ist die Parataxe, nicht die Hypotaxe.

Die Periodenstruktur, die im RING über weite Strecken zerfallen ist, bildete seit dem dritten Jahrzehnt des 18. Jahrhunderts die Grundlage der musikalischen Form. Nicht die Thematik und deren Entwicklung, sondern die Syntax, die Gruppierung der Teile, erscheint in der Klassik – vor allem in der Vokalmusik, deren ästhetischer Vorrang noch im frühen 19. Jahrhundert, trotz Beethoven, kaum zweifelhaft war – als das entscheidende konstitutive Moment eines musikalischen Werkes: als das Moment, dem es Zusammenhalt und Geschlossenheit verdankt. Musikalische Form entstand aus der Gruppierung und Zusammenfügung von Perioden, die durch die Verschiedenheit ihrer Funktionen – als Introduktion, Thema, Entwicklungsteil, Auflösungsfeld oder Schlußgruppe – voneinander abgehoben und aufeinander bezogen werden; die deutlichere funktionale Differenzierung bedeutete zugleich die engere formale Integration. Noch in Wagners früheren Werken bis zum LOHENGRIN – in den Opern also, deren Klassifizierung als Musikdramen verfehlt ist (sie unterdrückt, um der Einheit der Bayreuther Idee willen, die innere Geschichte von Wagners Werk) – ist die musikalische Form primär durch die Syntax bestimmt. Die Periodenstruktur ist regelmäßig oder sogar schematisch; Vier- und Achttaktgruppen reihen sich aneinander, ohne daß ein Bruch im syntaktischen Gefüge das Gleichmaß stört, von dem sich der Hörer getragen fühlt und das für den Eindruck des Kantablen von ebenso ausschlaggebender wie unauffälliger Bedeutung ist.

Erst im RING ist – mindestens in großen Teilen und in der GÖTTERDÄMMERUNG konsequenter als im RHEINGOLD – die klassische musikalische Syntax gestört oder aufgehoben. Und das Korrelat der musikalischen Prosa, die aus dem Zerfall der Periodenstruktur resultiert, bildet die Leitmotivtechnik, genauer: deren Ausbreitung über das ganze Werk. Seit dem RHEINGOLD ist die musikalische Form bei Wagner weniger syntaktisch als motivisch begründet: Der Motivzusammenhang, der wie ein Netz die gesamte Tetralogie überzieht, muß als formbildendes Moment die reguläre Syntax – die Gliederung in Perioden, die funktional differenziert und dadurch formal integriert sind – ersetzen oder deren Zerfall ausgleichen und rechtfertigen.

Der Streit darüber, ob die Leitmotivtechnik bis zu Weber, zu Grétry oder gar zu Monteverdi zurückzuverfolgen sei und ob in ihrer Entwicklung bei Wagner DIE FEEN, DER FLIEGENDE HOLLÄNDER oder DER RING DES NIBELUNGEN die entscheidende Stufe repräsentierte, erscheint als nutzloses Zerren an einer Vokabel. Wesentlich ist, daß das kompositionstechnisch Neue der RING-Tetralogie, das Verfahren, die Leitmotive als dichtes Gewebe über das ganze Werk auszubreiten, so daß sie nahezu in jedem Augenblick gegenwärtig sind, einen qualitativen Sprung in der Geschichte der Leitmotivtechnik bedeutete. Noch im LOHENGRIN sind die Leitmotive, so auffällig sie als musikalisch-dramatische Zeichen und Allegorien hervortreten, kompositionstechnisch peripher: Sie erscheinen als Einsprengsel in die Periodenstruktur, die das Gerüst der musikalischen Form bildet. Erst im RING sind sie formal konstitutiv. 1850/51, in einer Zeit, in der er sich über die Komposition des Nibelungendramas in antizipierenden Gedanken schlüssig zu werden versuchte, schrieb Wagner in OPER UND DRAMA: *Die zu genau unterscheidbaren und ihren Inhalt vollkommen verwirklichenden melodischen Momenten gewordenen Hauptmotive der dramatischen Handlung* – Wagner begriff die Musik, die Leitmotive, die er *melodische Momente* nannte, als *Verwirklichung der dichterischen Absicht für das Gefühl* der Zuhörer – *bilden sich in ihrer beziehungsvollen, stets wohlbedingten – dem Reime ähnlichen – Wiederkehr zu einer einheitlichen künstlerischen Form* – anders ausgedrückt: der musikalische Motivzusammenhang ist formal konstitutiv –, *die sich nicht nur über engere Teile des Dramas, sondern über das ganze Drama selbst als ein bindender Zusammenhang erstreckt.*

Ist demnach die Verknüpfung der *melodischen Momente* – der musikalischen *Gefühlswegweiser*, wie Wagner sie mit einer drastischen Metapher nannte – in der *dichterischen Absicht*, nicht in abstrakt musikalischen Formprinzipien begründet, so bildet andererseits die musikalisch fundierte *einheitliche künstlerische Form*, die sich über *das ganze Drama erstreckt*, den Ausgleich und Widerpart zu dem Zerfall der geschlossenen dramatischen Form, die in SIEGFRIEDS TOD noch intendiert war, in das epische Nebeneinander von Handlungen, das aus der Erweiterung des Siegfried-Dramas zur RING-Tetralogie resultierte. Die Motivtechnik – das Verfahren, ein Werk mit einem Gewebe von Metaphern zu überspinnen, seien es dichterische oder musikalische – ist charakteristisch für die offene oder epische Form des Dramas. (Erinnert sei an Büchner und Maeterlinck.) Daß es möglich war, in der RING-Tetralogie heterogene Handlungen wie den Göttermythos, das Wälsungendrama, das Märchen vom jungen Siegfried, der auszieht, das Fürchten zu lernen, und die Siegfried-Brünnhilde-Tragödie zusammenzufügen, ohne daß Brüche und Risse auffällig hervortreten, ist der Leitmotivtechnik, dem Metaphern- und Allegorienzauber zu verdanken, der den Hörer in eine Welt von musikalisch-dichterischen Beziehungen hineinzieht, in welcher schließlich alles mit allem zusammenzuhängen scheint.

Entscheiden zu wollen, welches der Momente, die für das Musikdrama im Unterschied zur Oper charakteristisch sind, als primär oder fundierend und welches als sekundär gelten soll – der mythische Stoff, die offene Form des Dramas, der irreguläre Versrhythmus, der Zerfall der musikalischen Periodenstruktur und die Ausbreitung der Leitmotivtechnik über das ganze Werk –, wäre ebenso vergeblich wie überflüssig. Es genügt, den Konnex zu erkennen und sich der Schwierigkeiten bewußt zu werden, die zu lösen waren, bevor er entstehen konnte: Daß sie im vollendeten Werk nahezu unmerklich sind, ist eines der deutlichsten Zeichen für dessen ästhetischen Rang.

Das Rheingold

1

Der Schluß des RHEINGOLD, der Einzug der Götter in die Zwingburg Walhall, ist nicht so triumphal, wie es die Musik, das Motiv der Regenbogenbrücke, einen Hörer glauben macht, der sich durch ihren Glanz über die dramatischen Vorgänge täuschen läßt. In der Tiefe klagen die betrogenen Rheintöchter, verlacht von den Göttern, über den Raub des Rheingolds: *Falsch und feig ist, was dort oben sich freut.* Fasolt, der eine der Riesen, die den Göttern die Burg erbauten, ist von dem anderen, Fafner, erschlagen worden: ein erstes Opfer des Fluchs, der an Alberichs Ring haftet. Und daß Wotan, angestiftet von Loge, den Ring geraubt hat, um Walhall zu bezahlen, war Gewalt. *Aus der Tiefe Nibelheims grollt ihnen* (den Göttern) *das Bewußtsein ihrer Schuld entgegen.* Geängstigt durch Erdas Warnung vor dem Untergang der Götter, aufgeschreckt durch Fafners Mord an Fasolt, sinnt Wotan auf Rettung vor dem Fluch des Rings. Sein *großer Gedanke* aber, daß ein Held den Ring gewinnen soll, nach dem er selbst nicht trachten darf, ist ein Trugbild. Einzig Loge, der Gott des Feuers, aber eher ein Elementargeist als ein Gott, ist nicht betroffen und durchschaut darum die Täuschung, in der die Götter befangen sind: *Ihrem Ende eilen sie zu, die so stark im Bestehen sich wähnen.* (Man kann sich durch Loge, der im RHEINGOLD in paradoxer Verschränkung des scheinbar Unvereinbaren zugleich die musikalische Funktion des Tenors und die dramatische des Räsoneurs erfüllt, zur Parodie der RING-Deutungen aus dem Geiste Schopenhauers herausgefordert fühlen: Ist Wotan der Gestalt gewordene «Wille», so ist Loge der «Intellekt», die instrumentale Vernunft, die dem Willen gehorcht, sich aber schließlich, zum Bewußtsein seiner Blindheit gekommen, von ihm lossagt, um ins Gestaltlose, das Erlösung bedeutet, zurückzukehren.)

Wie aber ist der Schluß von Wagner komponiert worden: mit dem bösen Blick Loges oder dem verblendeten der Götter? Das Motiv der Regenbogenbrücke besteht aus nichts anderem als einem gebrochenen Ges-Dur-Akkord, ausgebreitet über eine ganze Periode: einem stationären, in sich bewegten, flimmernden Klang. Die Einfachheit aber, die zu Anfang, im Es-Dur-Klang des RHEINGOLD-Vorspiels, Allegorie des Elementaren und tönendes Bild des Ursprungs der Dinge war, wirkt am Ende, nachdem die Musik sich reich entwickelt und differenziert hat, als Reduktion und Simplifikation, der nicht zu trauen ist. Sie drückt nicht Festigkeit aus, sondern eher Täuschung über das Unheil und die Verwirrung, die dem bestehenden Zustand zugrunde liegen und die nicht dadurch aufgehoben werden, daß man sie verschweigt. Der stationäre Klang, der zu Beginn Natur bedeutete, ist am Schluß «zweite Natur», die dazu dient, die Geschichte und ihre Verstrickungen tröstlich zu verdecken.

Ähnlich zwielichtig wirkt die Exposition des Schwertmotivs, das in der Schlußszene Wotans *großen Gedanken* symbolisiert. Das Motiv, gleichfalls eine Dreiklangbrechung, erscheint in einer Tonart – C-Dur –, die vom tonalen Kontext als Interpolation absticht. Sie wurde also um des Motivs willen eingeführt, und es ist, wenn ihr Sinn verständlich werden soll, keine überflüssige Mühe, die Vorgeschichte der C-Dur-Tonart im RHEINGOLD in Umrissen zu skizzieren.

In C-Dur, einer Tonart, die traditionell den Charakter von Einfachheit und Integrität ausprägt, wird in der ersten Szene das Rheingold-Motiv exponiert. Motiv und Tonart kehren am Schluß von Loges Erzählung in der zweiten Szene wieder; doch sind sie, durch das Zitiert-Werden verändert, so trügerisch wie Loges Rede, die mit der Wahrheit lügt: Loge macht sich die Bitte der Rheintöchter an Wotan, er solle das Geld *dem Wasser wiedergeben* (was der Tragödie ein utopisches Ende setzen würde), nur zu eigen, weil er weiß, daß Wotan zu verblendet ist, um sie zu erfüllen; der gute Rat wird im Bewußtsein und in der Absicht erteilt, daß er nutzlos ist. Das Zwielichtige aber ist von Wagner, der dem Tonartenzusammenhang expressive und allegorische Bedeutung abzugewinnen vermochte, auskomponiert worden. C-Dur ist in Loges Erzählung, anders als in der Rheintöchterszene, nicht in sich begründet, sondern ist von h-Moll als Nebentonart oder Nebenstufe abhängig und wird durch die Relation zu h-Moll in seinem Charakter determiniert. Zunächst wird C-Dur unscheinbar, als Nebenstufe in h-Moll von der Dauer eines Taktes, exponiert (*Nur einen sah ich*); dann erscheint es in der Länge eines Halbsatzes (*Des Rheines klare Töchter klagten mir ihre Not*) und schließlich, als tonale Grundlage für das Zitat des Rheingold-Motivs, in einer scheinbar tonartlich in sich geschlossenen Periode (*das Gold dem Wasser wiedergebest*), deren Fortsetzung aber in h-Moll kadenziert. Immer ist also C-Dur auf h-Moll bezogen, und zwar, technisch gesprochen, als tiefalterierte II. Stufe. Und die Tiefalteration ist nichts anderes als eine chromatische Variante, eine Verfärbung und Trübung der Stufe. C-Dur, für sich Ausdruck des Klaren und Integren, erscheint also im tonalen Kontext von h-Moll als Resultat einer Chromatisierung. Und die tonale Ambiguität ist der genaue Ausdruck von Wagners *dichterischer Absicht*: Das Einfache gerät in ein

Zwielicht, in dem sich Wahrheit und Täuschung ununterscheidbar verwirren.

Derselbe expressive oder allegorische Tonartenzusammenhang ist in der vierten Szene noch einmal auskomponiert worden. Das Fluchmotiv, die musikalische Metapher der Verdammung des geraubten Ringes durch Alberich, ist in h-Moll exponiert worden. Und auf h-Moll ist wiederum – als tiefalterierte II. Stufe – C-Dur bezogen. Das Rheingold-Motiv in C-Dur (manchmal zu c-Moll modifiziert) verbindet sich mit einem Motiv in h-Moll, das Alberichs Herrschaft symbolisiert. Und von h-Moll als Hintergrund hebt sich dann, in trügerischer Klarheit, eine C-Dur-Partie ab, deren Orchestermelodie Wotans Versunkenheit in den Anblick des geraubten Ringes, seinen Traum von ewiger Herrschaft, darstellt. Die Tonart, C-Dur, ist so ungefestigt wie die Situation, die sie ausdrückt.

In der Schlußszene ist C-Dur, die Tonart des Schwertmotivs und des *großen Gedankens*, von As-Dur und Des-Dur umgeben, erscheint also nicht unmittelbar als Resultat einer Chromatisierung und Trübung. Dennoch haftet an C-Dur ein Rest des Zwielichtigen, falls das musikalische Gedächtnis des Hörers nicht versagt; denn eine Tonart ist, kaum anders als ein Motiv, in ihrem Charakter nicht unabhängig von der Geschichte, durch die sie geprägt worden ist. Wagners *dichterische Absicht* zielte also auf ein Doppeltes: auf ein C-Dur als Zeichen von Integrität, als Symbol der *freiesten Tat* eines Helden, der die *trüben Verträge* des Göttergesetzes zerbricht; und andererseits auf ein C-Dur, dessen Festigkeit ausgehöhlt ist. In der Ästhetik des Wagnerschen Werkes – die der expliziten Wagnerschen Ästhetik nicht gleichgesetzt werden darf – ist Ambiguität eine der zentralen Kategorien.

2

Die Götter der Ring-Tetralogie sind Götter im Untergang, und zwar von Anfang an. Der Glanz, der von Walhall ausgeht, ist ein Trug, den die Musik bewirkt, solange man sie ungenau hört. Und der germanische Göttermythos, von dem es scheint, als habe ihn Wagner für das Bewußtsein des späten 19. und 20. Jahrhunderts wiederhergestellt, rückt in ein Zwielicht.

Die germanische Sage, im frühen 19. Jahrhundert eher ein Gegenstand für Philologen als für das lesende Publikum, zu dessen Bildungskanon sie nicht gehörte, war als Opernstoff ungewohnt. Stellten in der opera seria des 17. und 18. Jahrhunderts, von Monteverdis «Orfeo» bis zu Mozarts «La clemenza di Tito», der antike Mythos und die römische

Historie das Arsenal dar, das von der Librettistik auf der Suche nach politisch-erotischen Intrigen ausgeplündert wurde, so umfaßte im frühen 19. Jahrhundert das Repertoire des Opernsujets auch die neuere Geschichte («Die Hugenotten») und die Gegenwart («Fidelio») sowie Märchen («Undine») und exotische Stoffe («Jessonda»).

Man war, so scheint es, der Opernmythologie müde, ohne sich aber andererseits zu verhehlen, daß gerade «il meraviglioso», das «Wunderbare», Unwirkliche des Mythos der Irrealität des gesungenen Dramas adäquat war. In «Orfeo» ist Gesang eine natürliche Sprache, aber kaum in «La Traviata», einer modernen Kolportagegeschichte (die inzwischen in die Vergangenheit gerückt und dadurch mehr Oper geworden ist, als sie es ursprünglich war). Es war demnach ein glücklicher Griff, daß Wagner, um die musikalische Ausdrucksform aus dem Charakter des dichterischen Stoffes zu rechtfertigen, zum Mythos zurückkehrte, aber den verschlissenen antiken durch den germanischen ersetzte. Der germanische Mythos als Opernsujet war um 1850 eher der Fund eines phantasievollen Librettisten als das Zeichen eines «Kampfes gegen das 19. Jahrhundert».

Wagner, der Philologe unter den Librettisten, machte sich den Mythos, den er zur Opernhandlung umformte, von innen heraus zu eigen (seinen Nachahmern unter den Librettisten warf er Mangel an Gründlichkeit vor). Dennoch wäre es verfehlt, von einer Restauration des germanischen Göttermythos durch Wagner zu sprechen; den politisch-mythologischen Unfug, der an den RING DES NIBELUNGEN anknüpfte, hat er zwar verschuldet, aber nicht intendiert. Wagner war, um den Titel des Reinhardtschen Aischylos-Buches zu parodieren, «Regisseur und Antitheologe»: Er setzte den Göttermythos musikalisch in Szene; aber er zeigte, durchaus im Geiste Ludwig Feuerbachs, eine Götterwelt, die gerichtet ist, auch wenn sie es noch nicht weiß. Wotan ist ein hilfloser Gott, ein Gott, dessen Zeit vorüber ist. Der Mythos wurde also von Wagner weniger restauriert als destruiert, oder genauer: er wurde restauriert, um destruiert zu werden. Wenn er die Götter zitiert, so nicht, um sie zu verherrlichen, sondern um sie, wie er es in dem Entwurf von 1848 ausdrückte, der *Selbstvernichtung in der Freiheit des menschlichen Bewußtseins* preiszugeben. Die toten Götter kehren wieder, um noch einmal zu sterben.

Aber auch der Heldenmythos ist – gegen Wagners Absicht – zwielichtig. Es fällt schwer, Wagners (und Nietzsches) Enthusiasmus für die Gestalt des jungen Siegfried zu teilen. Ist Siegfried die Verwirklichung des *rein Menschlichen*, die Antizipation *des Menschen der Zukunft*, die Wagner in ihm sah? Ist er nicht eher, pointiert ausgedrückt, zu Anfang ein roher, dumpfer Tor und später, in der GÖTTERDÄMMERUNG, ein betrogener Betrüger? Und daß der Held keiner ist, ist nicht als Zufall oder als Mangel der dramaturgischen Konstruktion zu verstehen, sondern besagt, daß Wagners Überzeugung, das Ziel der Geschichte, die Humanität, liege in den Ursprüngen bereits beschlossen und man müsse darum zum Mythos zurückkehren, um sich der Zukunft in einem antizipierenden Bilde zu vergewissern, trügerisch war. Wenn Siegfried eine Utopie repräsentiert, dann eine schlechte.

3

Die *Wiederkehr melodischer Momente* bildet nach der Theorie, die Wagner in OPER UND DRAMA entwarf (einer antizipierenden, dem Werk vorausgehenden Theorie), das Prinzip einer *einheitlichen künstlerischen Form, die sich nicht nur über engere Teile des Dramas, sondern über das ganze Drama selbst als ein bindender Zusammenhang erstreckt. Die enge Melodie* der traditionellen Arie sollte zur *unendlichen Melodie*, die ein ganzes Werk umfaßt, erweitert werden. Die Möglichkeit, einen Motivzusammenhang über eine ganze Tetralogie auszubreiten, ohne in Monotonie zu verfallen, hängt von dem verfügbaren Reichtum an Motiven ab. (Von den Exegeten sind im RING mehr als hundert Motive, unter Vernachlässigung von unbedeutenden Varianten, gezählt und etikettiert worden.) Die Einsicht in die Notwendigkeit eines umfassenden und differenzierten Motivbestandes ist aber, so trivial sie erscheint, von Wagner nirgends ausgesprochen worden, da sie von einer entgegengesetzten Tendenz durchkreuzt wurde: von der Tendenz, um des unmittelbaren Gefühlsverständnisses willen die Anzahl der Motive zu beschränken. Wagner wollte – entgegen einem nahezu unausrottbaren Vorurteil, das ihn als musikalischen Demagogen denunziert – weniger überreden oder gar betäuben als vielmehr von Grund auf verstanden werden; darum war er ein unersättlicher Räsoneur, ein Redesüchtiger, der von der Hoffnung, sich begreiflich zu machen, nicht lassen konnte. Und ein Phänomen zu verstehen, bedeutete für ihn: die Ursachen und Motive zu erkennen, in denen es begründet und durch die es gerechtfertigt ist. Die tragende Maxime von Wagners Ästhetik ist demnach, daß Musik, musikalische Form, um nicht leer und nichtssagend zu sein, ein *Formmotiv* braucht: einen Grund, dazusein. (Der Begriff der «absoluten», in sich selbst beruhenden Musik war für Wagner ein Unbegriff.) Und zwar ist das *Formmotiv* eines *melodischen Moments* entweder die Sprache oder die Gebärde: Symphonische Musik, sogar die Beethovensche, wurde von Wagner als *idealisierter Tanz* erklärt, dessen

Formmotiv die Tanzbewegung bildet. Entscheidend für die Verständlichkeit *melodischer Momente* – der Leitmotive des musikalischen Dramas – ist also einerseits, daß ihre Anzahl gering genug bleibt, um noch überschaubar zu sein, und andererseits, daß die Musik in einem Text, einer Geste oder einem szenischen Vorgang sinnfällig begründet ist. (Um das Schwertmotiv, das am Schluß des RHEINGOLD Wotans *großen Gedanken* der *freiesten Tat* eines Helden musikalisch andeutet, ohne daß es durch ein Wort, ein Ereignis oder ein Requisit erläutert würde, szenisch zu *motivieren*, wollte Wagner ein vergessenes Schwert aus dem Nibelungenhort auf der Bühne liegen lassen; und so befremdend der Regiegedanke ist, so charakteristisch ist die Tendenz, die er verrät: der Drang nach lückenloser Begründung und drastischer Verdeutlichung, von dem Wagner, dessen musikalische Phantasie stets zugleich eine szenische gewesen ist, besessen war.)

Überschaubarkeit und Motivierung sind demnach konstitutiv für Wagners Vorstellung von musikalisch-dramatischer Verständlichkeit. *Diese melodischen Momente*, heißt es in OPER UND DRAMA, werden *notwendig nur den wichtigsten Motiven des Dramas erblüht sein* – Wagner tendiert zur Einschränkung, die er als poetische Konzentration im Unterschied zu prosaischer Ausbreitung begreift –, *und die wichtigsten von ihnen werden wiederum an Zahl denjenigen Motiven entsprechen, die der Dichter als zusammengedrängte, verstärkte Grundmotive der ebenso verstärkten und zusammengedrängten Handlung zu den Säulen seines dramatischen Gebäudes bestimmte, die er grundsätzlich nicht in verwirrender Vielfalt, sondern in plastisch zu ordnender, für leichte Übersicht notwendig bedingter geringerer Anzahl verwendet.* Das Speer- und das Schwertmotiv sind einerseits Zeichen szenischer Requisiten und sichtbarer Gesten (das Speermotiv erinnert an das Schreiten mit gesenktem Speer, das Schwertmotiv an das Zücken eines Schwertes):

Andererseits sind sie Symbole für die *Welt der Verträge* und das *Reich der Freiheit*, Symbole, in denen sich Motive der Handlung zu *Grundmotiven zusammendrängen*.

Bildete demnach einerseits ein reicher Bestand an *melodischen Momenten* die Voraussetzung für die Ausbreitung des Motivzusammenhangs über ein ganzes Drama statt bloß über einzelne Teile, so erschien andererseits die Beschränkung auf eine *geringere Anzahl* von Motiven als Bedingung unmittelbarer Verständlichkeit der symphonisch-dramatischen Form. Und das ästhetisch-kompositionstechnische Dilemma, zwischen Fülle und Reduktion wählen zu sollen, dürfte einer der Gründe gewesen sein, welche die Komposition der RING-Tetralogie über Jahre hinaus verzögerten. Der Gedanke, die Schwierigkeit dadurch zu lösen, daß er die motivische Vielfalt, die er brauchte, aus wenigen Urmotiven entwickelte, ist dann von Wagner als Befreiung vom Druck eines lähmenden Problems und als das entscheidend Neue an der Leitmotivtechnik des RING empfunden worden. *Mit dem ‹Rheingold› beschritt ich,* heißt es in dem EPILOGISCHEN BERICHT über die Entstehung des RING, *sofort die neue Bahn, auf welcher ich zunächst die plastischen Naturmotive zu finden hatte, welche in immer individuellerer Entwickelung zu den Trägern der Leidenschaftstendenzen der weitgegliederten Handlung und der sich in ihr aussprechenden Charaktere sich zu gestalten hatten.* Die Technik der motivischen Deduktion vermittelt zwischen Beschränkung und Reichtum und bildet, neben der Überschaubarkeit und der dichterisch-szenischen Begründung, ein drittes für die Verständlichkeit konstitutives Moment: Das Verwickelte und Verzweigte soll dadurch, daß seine Entstehung aus dem Einfachen auskomponiert wird, dem Gefühl faßlich gemacht werden; und indem der Hörer die Herkunft eines Leitmotivs erkennt, begreift er dessen Sinn und metaphorischen Gehalt.

Dichterische Absicht und musikalisch-dramatischer Konnex der Leitmotive sind seit einem Jahrhundert Gegenstand exegetischer Anstrengungen, die nicht selten zu wuchernder Spekulation verkamen und darum eher zum Widerspruch als zur Fortsetzung herausfordern. Es mag darum genügen, einige Zusammenhänge zu skizzieren, die einerseits unleugbar und andererseits für den offenbaren und nicht erst für den verborgenen Sinn des Werkes von Bedeutung sind.

Das Naturmotiv (1), musikalisches Sinnbild des Elementaren, des Ursprungs der Dinge, besteht aus einfachen Brechungen des Es-Dur-Klangs, der sich im RHEINGOLD-Vorspiel in erhabener Monotonie über 136 Takte erstreckt. Das Erdamotiv (2), das musikalische Emblem der chthonischen Göttin, ist nichts anderes als eine Moll-Variante des Naturmotivs. Die rhythmische Verkleinerung des Erdamotivs, das Unruhemotiv (3), symbolisiert die Furcht, in die Wotan durch Erdas Orakel, durch die Warnung vor der Götterdämmerung, versetzt worden ist; die

Diminution, Ausdruck von Unrast, erscheint als psychologisches Moment, der Zusammenhang mit dem Erdamotiv als gedankliches. Aufsteigende Bewegung bedeutet Entwicklung, absteigende Verfall: Aus der Umkehrung des Naturmotivs entsteht das Götterdämmerungsmotiv (4), dessen scheinbare Durhelligkeit dadurch gemindert ist, daß es im tonalen Kontext oft die tiefalterierte, also getrübte II. Stufe einer Molltonart repräsentiert. Der Gesang der Rheintöchter (5), zu dem das Waldvogelmotiv (6), gleichfalls musikalischer Ausdruck eines Naturwesens, eine rhythmische Variante darstellt, unterscheidet sich dadurch von den einfachen Dreiklangbrechungen, daß der erste Ton ein Vorhalt ist: Andeutung einer Dissonanz, einer charakteristischen Abweichung von der Simplizität des Elementaren. Der dissonierende Vorhalt für sich bildet, emphatisch gedehnt und als None eines Nonenakkords exponiert, das Rheingoldmotiv (7). Eine Variante des Rheingoldmotivs, deren Chromatik Verdüsterung bedeutet, ist das Fronmotiv (8a und b): Ausdruck der Unterdrückung durch den aus dem Rheingold geschmiedeten Ring.

In einem Brief an Brahms rühmte sich Wagner, nicht ohne Ironie, der Kunst, aus den im RHEINGOLD *aufgepflanzten Theaterkulissen allerhand musikalisch Thematisches zu bilden*. Theaterkulissen? Die *plastischen Naturmotive*, aus denen durch Differenzierung die musikalischen *Träger von Leidenschaftstendenzen* hervorgehen, sind Bilder von Elementen, des Wassers und des Feuers, oder von Landschaften, der Flußtiefe und der Bergeshöhe. Elemente und Landschaften aber sind anthropomorph empfunden und wurden erst dadurch für Wagner musikalisch darstellbar – ein musikalischer Kulissenmaler war er gerade nicht. Die Naturbilder, das Fluten im RHEINGOLD-Vorspiel und das Züngeln der Loge-Motive, sind zugleich Psychogramme. Und weil Wagner die Natur anthropomorph sah, konnte er umgekehrt, ohne daß ein Bruch fühlbar würde, aus Naturmotiven Charaktermotive entwickeln.

Um es mit Nietzsches Worten auszudrücken: «Von Wagner, dem Musiker, wäre im allgemeinen zu sagen, daß er allem in der Natur, was bis jetzt nicht reden wollte, eine Sprache gegeben hat: er glaubt nicht daran, daß es etwas Stummes geben müsse. Er taucht auch in Morgenröte, Wald, Nebel, Kluft, Bergeshöhe, Nachtschauer, Mondesglanz hinein und merkt ihnen ein heimliches Begehren ab: sie wollen auch tönen.»

Die Walküre

1

Die Handlung der WALKÜRE ist aus heterogenen Stücken, der Wälsungen-Tragödie und dem Wotan-Mythos, zusammengesetzt. Als Drama – für sich genommen wie als Teil der Tetralogie betrachtet – ist das Werk brüchig. Und die zwingende Gewalt, der sich kaum jemand entziehen kann, geht weniger vom Ganzen, das kein Ganzes ist, als von einzelnen Akten, dem ersten und dem dritten, aus, deren musikalisch-dramatische Geschlossenheit wiederum den Rechtsgrund für das Verfahren bildet, über die Gesamtform nach den Kriterien des geschlossenen und nicht des offenen Dramentypus zu urteilen.

Göttermythos und Heroendrama klaffen dramatisch auseinander, obwohl sie gedanklich verknüpft sind. Die Tragik der Geschwisterliebe Siegmunds und Sieglindes; der Antagonismus Siegmunds und Hundings, des Unsteten und des Seßhaften, von denen jeder gegen den anderen im Recht ist; die Weigerung Siegmunds, des Verfemten, am Glanz Walhalls teilzuhaben, wenn Sieglinde ihm nicht folgen darf; der Tod Siegmunds, der weniger in der Umkehrung von Wotans Willen begründet ist als im Zwang der dramatischen Konstruktion, die ein anderes Ende nicht zuläßt: Nahezu sämtliche Motive des Wälsungendramas sind ohne den Göttermythos denkbar, einen Mythos, der die irdische Handlung weniger fundiert als mit einem Schimmer umgibt. Und daß Siegmund das Schwert findet, das Wotan für ihn bestimmt hat, ist für das Wälsungen-Drama ebenso peripher, wie es für die Wotan-Handlung, für die Dialektik, in die sich Wotan durch seinen großen Gedanken verstrickt, zentral und entscheidend ist.

Umgekehrt scheint es, als bilde die Wälsungen-Tragödie die Substanz, von der die Götterhandlung, der Mythos von Wotan, Fricka und Brünnhilde, zehrt, ein Mythos, der in sich ereignislos ist. Der Schein ist jedoch eine Täuschung. Denn die Erkenntnis der tragischen Dialektik, in die Wotan geraten ist, die Erkenntnis, daß er als *Herr der Verträge* die *freieste Tat* des Helden einerseits braucht und andererseits zu verhindern gezwungen ist, wäre auch ohne szenische Darstellung des Wälsungendramas möglich. Im Motivationszusammenhang der Wotan-Tragödie ist die Siegmund-Sieglinde-Handlung nicht konstitutiv, sondern illustrativ.

Die gedankliche Konstruktion, die den Zusammenhalt der heterogenen Handlungen verbürgen soll – die Dialektik von Wotans *großem Gedanken* –, war dramaturgisch nicht bruchlos zu verwirklichen. Die Walküre ist zwar – und damit ist der Gesichtspunkt bezeichnet, unter dem das Werk als Einheit erscheinen soll – ein Wotan-Drama, aber ein Drama, das insofern keines ist, als es sich gleichsam in einen einzigen Augenblick zusammengezogen hat: in den Moment, in dem Wotan zum Bewußtsein des unaufhebbaren Zwiespalts kommt, in den er geraten ist. Die Wotan-Handlung ist – und darum fällt, entgegen der gedanklichen Konzeption, in der szenischen Handlung der Akzent auf das Wälsungendrama – ein Mono- oder Psychodram: Brünnhilde und Fricka verblassen beinahe zu Allegorien, in denen die entgegengesetzten Regungen, die in Wotan im Widerstreit miteinander liegen, Gestalt geworden sind. Ist Brünnhilde Wotans Wille – ein Wille, der sich gegen sich selbst wendet und Siegmund, den er preisgeben muß, zu retten trachtet –, so ist Fricka Wotans Gewissen, das ihn an den Widerspruch mahnt, den er sich vergeblich zu verhehlen sucht; Wotan muß Fricka folgen, weil sie ausspricht, was er selbst insgeheim wußte, ohne es sich einzugestehen. Der Zug zum Allegorischen, der befremden mag, ist allerdings dem musikalischen Drama eher adäquat als dem gesprochenen: Der personifizierte Affekt ist musikalisch – als Gehalt der Komposition – ebenso essentiell wie der unmittelbar ausgedrückte.

Brünnhilde ist *Wotans Wille* in einem doppelten Sinne. Zunächst als Drang, einer Regung nachzugeben, die Wotan in sich unterdrücken mußte.

> *So tatest du,*
> *was so gern zu tun ich begehrt –*
> *doch was nicht zu tun*
> *die Not zwiefach mich zwang?*

Andererseits reicht in Brünnhilde Wotans Wille über sich selbst hinaus. Während Wotan resigniert und *das Ende* will – *und für das Ende sorgt Alberich* –, lebt Brünnhilde in der Erwartung einer glücklicheren Zukunft (und der Ring fällt, obwohl die Götter untergehen, nicht an Alberich zurück). Für die *freiste Tat*, an der Siegmund – als Wotans Werkzeug – scheitert, ist Siegfried, der noch ungeborene Sohn der Wälsungen, vorbestimmt. Wotan verschließt sich in Hoffnungslosigkeit.

> *Schweig von dem Wälsungenstamm!*
> *Von dir geschieden*
> *schied ich von ihm:*
> *vernichten mußt' ihn der Neid.*

Daß sich Wotan von den Wälsungen abwendet, ist jedoch – in einer Umkehrung der Dialektik, die für Siegmund zum Verderben wurde

– die Bedingung dafür, daß sich durch Siegfried Wotans früherer, jetzt preisgegebener Traum erfüllt: Siegfried ist, ohne Wotans Schutz, *frei vom Göttergesetz*, statt wie Siegmund, angestiftet von Wotan, gegen das Gesetz zu verstoßen, um ihm dann zu verfallen.

2

Am 3. Oktober 1855 schrieb Wagner an Liszt über DIE WALKÜRE: *Für den inhaltschweren zweiten Akt bin ich besorgt: er enthält zwei so wichtige und starke Katastrophen, daß dieser Inhalt eigentlich für zwei Akte genug wäre; doch sind beide so voneinander abhängig, und die eine zieht die andere so unmittelbar nach sich, daß hier ein Auseinanderhalten ganz unmöglich war.* Die *Katastrophen*, die Wagner meint, Wotans verzweifelte Entsagung und Siegmunds Tod, sind zwar *voneinander abhängig*, aber eher gedanklich und im Zusammenhang der ganzen Tetralogie als dramatisch und in der sichtbaren Handlung. Siegmund weiß nichts von Wotan. Und daß es Wotans Speer ist, an dem Siegmunds Schwert zerbricht, ändert nichts am in sich geschlossenen Charakter des Wälsungendramas. Wotan vollstreckt gleichsam das Urteil, das durch das Formgesetz der Tragödie vorgezeichnet ist.

In entmutigten, nüchternen Stunden, heißt es in demselben Brief an Liszt, *hatte ich die meiste Furcht vor der großen Szene Wotans, und namentlich vor seiner Schicksals-Enthüllung gegen Brünnhilde* – dem erzählenden Teil *(Als junger Liebe Lust mir verblich)* –, *ja, in London war ich bereits einmal so weit, die Szene ganz verwerfen zu wollen; um mich darüber zu entscheiden, nahm ich den Entwurf noch einmal vor und trug mir selbst die Szene mit allem nötigen Ausdruck vor; glücklicher Weise fand ich dabei, daß mein Spleen ungerechtfertigt war, und der geeignete Vortrag im Gegenteil selbst rein musikalisch und fesselnd wirkt.* Wagners *Furcht* war nicht unbegründet; die Wotan-Brünnhilde-Szene im zweiten Akt ist immer wieder, sogar von enthusiastischen Anhängern des Musikdramas, als blaß empfunden worden, obwohl sie, nach Wagners Überzeugung, *für den Gang des ganzen großen vierteiligen Dramas die wichtigste Szene* bildet.

Scheinbar ein Dialog, ist die Szene eigentlich ein Monolog; Wotan redet mit Brünnhilde, als spreche er mit sich selbst. Und die Schwäche, an der sie krankt, ist in dem Widerspruch begründet, daß sie ein Rezitativ ist, obwohl sie als Monolog – nach den Normen der Opernästhetik – kein Rezitativ sein dürfte. (Die These, daß in Wagners *unendlicher Melodie* die Differenz zwischen Rezitativ und Arie oder Arioso restlos aufgehoben sei, ist eines der Dogmen, die durch Übertreibung eine Einsicht in einen Irrtum verwandeln; der Unterschied ist im Musikdrama zwar verringert, aber nicht ausgelöscht, und er stellt kein störendes Relikt der Tradition, sondern ein formbildendes Moment dar.) Die Vorstellung, daß Musik und Aktion sich komplementär verhalten, daß also dem melodisch dürftigen Rezitativ die szenische Handlung zufalle und daß umgekehrt die Handlung stocke, während sich in der Arie Kantabilität ausbreitet, gehört zu den Maximen der traditionellen Opernästhetik, die sich dem Publikum als Voraussetzung der Wahrnehmung und des Urteils eingeprägt haben, so daß es schließlich scheint, als seien sie Naturgesetze des musikalischen Dramas. (Der Typus der Aktionsarie war zwar, vor allem in der opera buffa, nicht unbekannt, ist aber bereits dadurch, daß er einen besonderen, unterscheidenden Namen erhielt, als Ausnahme gekennzeichnet.)

Der Verstoß gegen die gewohnten Regeln der Opernästhetik ist demnach offenkundig: Wotans Monolog müßte, da sich szenisch nichts ereignet, ein Arioso sein, ist aber eher ein Rezitativ, aus dem einzelne Arioso-Partien herausragen. Die Relevanz und Triftigkeit der Opernästhetik ist jedoch, obwohl sie die Blässe der Szene zu erklären scheint, nicht unbezweifelbar.

Erstens ist die Gleichsetzung von «Dramatik» und emphatischer Aktion – die Vorstellung, daß Erzählung und Reflexion «undramatisch» seien – ebenso falsch, wie sie verbreitet ist. Das Formgesetz des Dramas – mindestens der geschlossenen Dramenform, von der Wagner ausging – verlangt, daß Ereignisse und deren Motive so miteinander verknüpft werden, daß sie einem Ziel, einer Katastrophe oder einer Pointe, zustreben. Die Verknüpfung aber macht es, wenn sie für den Zuschauer faßlich bleiben soll, notwendig, daß die Handlung von Zeit zu Zeit innehält und einer Reflexion Raum läßt, die das Geschehene zusammenfaßt und das Künftige vorzeichnet. Augenblicke der Reflexion sind also – im musikalischen Drama nicht anders als im gesprochenen – durchaus dramatische Momente.

Zweitens sind es im musikalischen Drama gerade die Erzählungen und Reflexionen, in denen das Bewußtwerden der Gegenwart, die Erinnerung an Vergangenes und die Ahnung von Künftigem ineinanderfließen und sich durchdringen, in denen sich also der «Beziehungszauber» der Leitmotivtechnik, die von Wagner in OPER UND DRAMA als musikalischer Ausdruck von Erinnerungen und Ahnungen charakterisiert worden ist, zu entfalten vermag. Und Waltrautes Erzählung im ersten Akt der GÖTTERDÄMMERUNG, thematisch mit Wotans Monolog eng verbunden, ist denn auch in jedem Augenblick *rein musikalisch fesselnd*, um mit Wagner zu sprechen; so daß zu fragen wäre, warum die

Knüpfung eines dichten Motivzusammenhangs, die in der GÖTTER-DÄMMERUNG glückte, in der WALKÜRE unter ähnlichen Voraussetzungen mißlang.

Es scheint, als sei es die sichtbare – und gleichsam menschliche – Gegenwart des Gottes, die einen musikalischen Motivbestand verblassen und einschrumpfen läßt, dessen Funktion es ist, an einen Göttermythos zu erinnern, der «von oben» in die Ereignisse eingreift. (Daß es sich im RHEINGOLD, der Exposition der Tetralogie, insofern anders verhält, als der Göttermythos nicht mit einer menschlichen Handlung konfrontiert wird, ist unverkennbar, besagt aber nichts über die WALKÜRE.) Die Motive des Unmuts und der Unruhe, die Wotans Seelenzustand ausdrücken, sind einer Situation adäquat, in welcher der Gott keiner ist. Sie werden darum breit entwickelt und stiften in manchen Partien des Monologs musikalisch-symphonischen Zusammenhang. Die Motive des Göttermythos aber, die in anderen Teilen vorherrschen – das Erda-, das Walhall- und das Ringmotiv –, erscheinen als sporadische Zitate, durch bestimmte Textworte herbeigezogen, aber musikalisch voraussetzungs- und folgenlos. Sie wirken reduziert und herabgestimmt, weil sie, statt an die Macht unsichtbarer Götter zu erinnern, mit der Ohnmacht und Hilflosigkeit eines gegenwärtigen Gottes zusammentreffen. Und es ist, als habe Wagner die Differenz zwischen der dramatischen, in die Handlung eingreifenden Bedeutung des Walhallmotivs im ersten Akt und dem verblaßten Zitatcharakter des gleichen Motivs im zweiten Akt als musikalisches Abbröckeln empfunden und sich darum gescheut, das Motiv über längere Strecken auszubreiten. Die Lücken aber, die dadurch im musikalischen Gewebe entstanden, wurden durch die rezitativische Deklamation ausgefüllt, die den Eindruck von Monotonie bewirkt, an dem die Szene krankt.

3

Zu erwarten, daß die Spuren der Oper, des Wechsels zwischen einfachem und pathetischem Rezitativ, Arioso und Arie, im Musikdrama ausgelöscht seien, wäre trügerisch. (In der musikalischen Wirklichkeit ist, kaum anders als in der außermusikalischen, die Tradition fast immer übermächtig.) Nicht, daß einer Banalität und Befangenheit des musikalischen Hörens das Wort geredet werden soll, die das Neue im Musikdrama verkennt und sich an Relikte des Alten klammert, um nicht leer auszugehen, die also aus der *unendlichen Melodie*, der sie nicht gewachsen ist, einzelne kantable Teile als Gegenstand musikalischen Genusses herauslöst und den Rest, der entscheidend ist, als bloße Folie und undeutlichen Hintergrund wahrnimmt. Aber Abstufungen zu leugnen, die entfernt an die Gliederung einer Opernszene in Rezitative, Ariosi und Arien erinnern, hieße nichts anderes, als die eine Primitivität des Hörens – die Sucht nach kantablen Stellen – mit einer anderen – dem Eintauchen in einen unterschiedslosen Strom von Musik – zu vertauschen. Die stilistische Differenzierung, die unumgänglich ist, bedeutet nicht, daß dem Musikdrama ein ästhetisches Unrecht zugefügt und das Neue durch Rückübersetzung ins Gewohnte verzerrt und verleugnet werde, sondern erscheint als Bedingung dafür, daß die *unendliche Melodie* als Form verstanden wird – und daß sie Form sei, ist von Wagner immer wieder betont worden, wenn er es auch verschmähte, eigene Werke zu analysieren. Differenzierung ist nicht gewaltsame, pedantische Zerlegung des eigentlich Unteilbaren, sondern Unterscheidung um des Zusammenschlusses willen: Erst durch Gliederung wird ein Gebilde überschaubar.

Wagner hat die Melodie im Musikdrama als *Wort-Ton-Sprache* charakterisiert, deren Momente nicht unabhängig voneinander begreiflich sind: weder der Text ohne Musik noch die Musik ohne Text. Und als Wort-Ton-Gebilde, nicht als primär musikalische Form, ist im Musikdrama außer dem Rezitativ, bei dem es sich von selbst versteht, auch die Arie – oder deren Substitut – aufzufassen. Frickas Klage (*O, was klag' ich um Ehe und Eid*), die musikalische Kulmination der Wotan-Fricka-Szene im zweiten Akt, ist eine Arie und ist es doch nicht. Sie erscheint als solche, weil sie sich als in sich geschlossener, melodisch arioser Komplex aus dem Dialog heraushebt. Aber die Geschlossenheit ist nicht musikalisch-formal, in der Gruppierung übereinstimmender und kontrastierender melodischer Teile nach einem Schema, sondern musikalisch-rhetorisch begründet. Die Klage gliedert sich in vier Teile von ungefähr gleicher Länge ($17+16+15+16$ Takte) und bildet darum eine plastische, sinnfällige Form. (In der musikalischen Syntax ist das quantative Moment zugleich ein qualitatives.) Der erste und der zweite Teil sind im Text, vor allem in dessen rhetorischer Attitüde, analog; und daß der zweite mit derselben melodischen Phrase beginnt wie der erste, unterstreicht den sprachlichen Parallelismus. Als Begründung einer musikalischen Wiederholungsform ($A^1 A^2$) wäre die Übereinstimmung von nur drei Takten zu schwach und geringfügig; zusammen mit dem Text und dessen Gestus aber ist sie formbildend. Der dritte Teil ist eine Antithese (*Doch jetzt*), der vierte eine Konklusion (*So führ' es denn aus*) – der Begriff der Konklusion ist von Wagner auch theoretisch als musikalische Formkategorie eingeführt worden. Ein musikalisches Formschema wie $A^1 A^2 B C$, das über den dritten und den vierten Teil nichts anderes besagt, als daß sie untereinander und vom Anfang verschieden sind, wäre leer und irrelevant. (Und der Versuch, die Teile B und C zusammenzuziehen, damit das musikalisch in sich beruhende Schema der «Barform» resultiert, wäre gewaltsam.) Erst als musikalisch-rhetorische Form, mit Kategorien wie Parallelismus, Antithese und Konklusion, ist Frickas Klage adäquat analysierbar.

Daß Rezitative und Arien – oder deren Substitute – im Musikdrama aus demselben Prinzip, dem der *Wort-Ton-Sprache*, hervorgehen, statt sich als heterogene Gebilde mit getrennten Funktionen – Aktion und Kontemplation – gegenüberzustehen, begründet die stilistische Einheit, die der Ausdruck *unendliche Melodie* meint: eine Einheit aber, die Differenzierung nicht ausschließt, sondern impliziert. Denn in einer Szene wie dem Dialog zwischen Wotan und Fricka sind die Gegensätze zwischen ariosen und rezitierenden Teilen ausgeprägt genug, um formbildend zu wirken. Und die Form im großen ist wiederum dramaturgisch, in der Dialogstruktur, begründet: Es ist Fricka, die zum Arioso, zum pathetischen Gestus, tendiert. Das Kontrastprinzip der traditionellen Oper wurde also von Wagner weder preisgegeben noch übernommen, sondern unter veränderten Voraussetzungen, denen der *Wort-Ton-Sprache*, restituiert.

Siegfried

Zwischen dem Anfang des Siegfried, der Schmiedeszene, in der Siegfried die Stücke des zersplitterten Wälsungenschwertes zusammen-
schweißt, und dem Schluß der Götterdämmerung, dem Brand Walhalls, liegen nur wenige Tage; das klassizistische Postulat der Einheit
der Zeit ist nahezu erfüllt. So gering aber der äußere Zeitabstand ist,
der Siegfried von der Götterdämmerung trennt, so unermeßlich ist
der innere. Von dem jungen Siegfried, dem Drachentöter, ist der Siegfried der Götterdämmerung – und zwar von Anfang an, nicht erst,
seit er durch den Zaubertrank sich selbst entfremdet ist – durch eine
Kluft geschieden, wie sie tiefer kaum denkbar ist: eine Kluft, die sich
musikalisch in der Differenz zwischen Siegfrieds harmlosem Hornruf
und dem schweren, sozusagen kettenrasselnden Heroenthema, in das
sich der Hornruf in der Götterdämmerung verwandelt, ausdrückt.

Die Welt des Siegfried ist eine Gegenwelt zu dem tragischen Mythos, der die Handlung der Götterdämmerung bestimmt und auf ihr
lastet: Siegfried ist ein Märchen. Und der *Schreck*, mit dem Wagner,
wie er im Mai 1851 an Theodor Uhlig schrieb, die Ähnlichkeit des
Märchenhelden, *der auszog, das Fürchten zu lernen*, mit dem jungen
Siegfried erkannte, ist der Schreck einer Intuition, die unerwartet über
Ton und Charakter eines Werkes entscheidet.
   Die Einsicht in den Märchencharakter erlaubt eine genauere Bestimmung des inneren Zeitabstands zur Götterdämmerung. Ein Märchen ereignet sich, im Unterschied zu einer Sage oder Legende, außer-

halb der historischen wie der mythischen Zeit: niemals und nirgends oder immer und überall. Und was SIEGFRIED von der GÖTTERDÄMMERUNG unüberbrückbar trennt, ist die Zeitlosigkeit des Märchens gegenüber der Zeitlichkeit des Mythos. Zwar werden durch die Wanderer-Szenen, durch Wotans Dialoge mit Mime, mit Alberich und schließlich mit Siegfried, die Märchenvorgänge mit der mythischen Handlung verknüpft, also die Märchenzeit in der Nähe der mythischen gerückt. Doch ist seinerseits Siegfried, der tumbe Tor, gegen die tragisch-mythische Welt dadurch abgeschirmt, daß er sie, obwohl er mit ihr in Berührung kommt, weder fühlt noch begreift. Und andererseits ist Wotan, der als *Wanderer*, als Geist seiner selbst, umgeht, durch *Selbstverneinung* aus der Handlung ausgeschieden und dadurch in die Art von Zeitlosigkeit versetzt, die der Kontemplation zu eigen ist.

Die Differenz zur GÖTTERDÄMMERUNG – und andererseits zur WALKÜRE – ist auch musikalisch fühlbar, und zwar bis in Details. Charakteristische Motive des SIEGFRIED, das Waldweben, der Waldvogelgesang und Siegfrieds Hornruf, widersetzen sich gleichsam dem musikalischen Zeitverlauf und stehen quer zu der auf ein Ziel gerichteten Kadenzharmonik. Sie schreiten nicht fort, sondern beharren in sich und werden dadurch zum Ausdruck eines Naturzustands, der der Geschichte enthoben ist.

Der junge Siegfried ist der typische Märchenheld, gedächtnislos und unbefangen und darum dazu berufen, Gefahren zu bestehen, die er nicht ermißt, und Wunder zu erfahren, von denen er kaum ahnt, daß sie es sind. Und umgekehrt: Daß Natur und Übernatur ohne Grenze ineinanderfließen, ist für das Märchen konstitutiv; damit sich aber das Wunderbare ereignen kann, als sei es natürlich, damit die Sprache der Vögel ebenso verständlich wird wie die des Drachen, der eigentlich ein Riese ist, bedarf es des Märchenhelden, dessen «Torheit» ihm die zweite Wirklichkeit erschließt. (Daß Siegfried den Nibelungenhort, der ihm zufällt, nicht nutzt, ist gleichfalls als Märchenzug verstehbar: Macht und Reichtum sind im Märchen eher Insignien, von denen dekorativer Glanz ausgeht, als daß sie in ihrer realen Funktion gezeigt würden; entscheidend ist, sie zu gewinnen, und nicht, sie anzuwenden.)

So zeitlos eine Märchenhandlung ist, so geschlossen ist sie andererseits. Die Erweckung Brünnhildes stellt, nicht anders als die Dornröschens, ein Ende dar, das keine Fortsetzung zuläßt, weil es Vollendung bedeutet. Was dennoch folgt, liegt jenseits der Märchenwelt, die es zerstört. Das Märchen vom jungen Siegfried gleicht einer glücklichen Insel, die vom Mythos verschlungen wird.

2

Musikalische Formen sind nicht bloße Schemata, darstellbar durch eine Buchstabenfolge, sondern Charaktere: geprägt durch die Art von Melodik und Thematik, die in ihnen möglich ist und geschichtlich verwirklicht wurde. In der Lied- und der Rondoform, deren Grundrisse, A B A und A B A C A, auf Kontrast (A B und A C) und Wiederkehr (A nach B oder C) beruhen, müssen die Teile in sich relativ geschlossen und andererseits deutlich voneinander abgehoben sein, wenn nicht die Beschaffenheit des Einzelnen in Widerspruch zum Ganzen geraten soll, dessen Prinzip die Gruppierung und nicht die Entwicklung ist. Lied- und Rondoform sind, metaphorisch gesprochen, «architektonische», «anschauliche», nicht «logische», «dialektische» Formen. Ein differenziertes, in sich gegensätzliches Rondoritornell wäre demnach funktionswidrig, weil diese Art der Thematik Entwicklung und Ausspinnung fordert und weder mit der scharfen Zäsur zwischen Ritornell (A) und Episode (B) – einer Zäsur, die angesichts des Themas und des in ihm enthaltenen Anspruchs als Abbruch musikalischer Konsequenz und nicht als deutliche Gliederung wirkt – noch mit der einfachen Wiederkehr des Ritornells – der Mangel an Veränderung erscheint als enttäuschender Verzicht auf Entwicklung statt als architektonische Symmetrie – vereinbar ist. (Vorzüge der «logischen» Form sind Mängel der «architektonischen» und umgekehrt.) Daß aber Melodik und Thematik mit dem Grundriß der Form durch Wechselwirkung verbunden sind, hat Konsequenzen für den musikalischen Inhalt. Nicht jede Form fügt sich jedem Inhalt; in Lied- und Rondoformen Verwickeltes und Entlegenes auszudrücken, wäre widersinnig. Der unauslöschliche Grundzug der Repetitionsformen ist Simplizität. Und so ist es kein Zufall, sondern zeugt von Wagners Formgefühl, daß sich gerade im SIEGFRIED, der weniger ein Heroenmythos als eine Märchenoper ist, der Dialog immer wieder zu Lied- und Rondoformen verfestigt, ohne daß diese in der Struktur des Textes deutlich vorgezeichnet wären: Die musikalischen Formen sind, als Charaktere, selbst «beredt», statt nur den Text in Töne zu fassen.

Aus der Exposition des SIEGFRIED, der Szene zwischen Mime und Siegfried, in der die Märchenstimmung noch nahezu ungetrübt erscheint, lassen sich ohne Gewaltsamkeit einige Lieder herauslösen, die sich durch formale Einfachheit vom dramatisch-symphonischen Kontext abheben und in denen Wagner unverkennbar bemüht ist, den Liedton zu treffen, sei es parodistisch – wie in Mimes *Starenlied Als zullendes Kind zog ich dich auf* – oder unverstellt wie in Siegfrieds *Es sangen die Vöglein so selig im Lenz*. (Die Naivität ist zwar artifiziell, büßt aber dadurch nicht das Geringste ein; man ist im Gegenteil in Versuchung, von der zweiten Unmittelbarkeit zu behaupten, daß sie «echter», treffender sei als die erste.)

Einige Liedgebilde der Szene werden allerdings durch einen Zug zur Entwicklungsform – zum «logischen» Formprinzip – modifiziert; und die Verschränkung des scheinbar Unvereinbaren ist kein Mangel, sondern hat musikalisch-dramatischen Ausdruckscharakter. Mimes Lied *Jammernd verlangen Junge,* das aus vier Teilen nach dem Schema $A^1 A^2 B A^3$ zusammengefügt ist, und Siegfrieds *Es sangen die Vöglein,* das zwei Strophen umfaßt, stehen nicht beziehungslos nebeneinander, sondern sind durch ein gemeinsames Ritornell, das von den Leitmotiv-Exegeten als «Motiv der Liebessehnsucht» bezeichnet worden ist, miteinander verbunden.

Das Ritornell wirkt in Mimes Lied als Interpolation, als suche Mime einen Gedanken, der sich ihm aufdrängt, von sich fernzuhalten. Erst in Siegfrieds Strophenlied bildet es, in breiter und emphatischer Entfaltung, die Substanz der Instrumentalmelodik. Daß das Motiv verarbeitet wird – und zwar mit den traditionellen Durchführungstechniken der Sequenzierung und der Abspaltung von Teilmotiven –, ist unleugbar ein Widerspruch zur einfachen Strophenform, aber kein toter, nichtssagender, sondern ein motivierter, beredter Widerspruch. Die Tendenz zur Entwicklungsform in einem Liedgebilde ist sowohl kompositionstechnisch als auch dramaturgisch begründet: kompositionstechnisch in der differenzierten Chromatik des Motivs, die eine musikalische Entwicklung fordert oder mindestens nahelegt; dramaturgisch in der Divergenz zwischen Bewußtem und Unbewußtem, als deren Reflex der stilistische Gegensatz zwischen Vokal- und Instrumentalmelodik erscheint. Die Chromatik, als musikalische Chiffre unbewußter Regungen, durchkreuzt die Naivität, die sich in Siegfrieds Liedtonfall äußert. Und aus der Charakterdifferenz zwischen Vokal- und Instrumentalmelodik geht die Gespaltenheit der Form hervor, die zugleich Liedform in den Vokalzeilen und Entwicklungsform in der Instrumentalmotivik ist.

In einer Stimmung von Resignation und Ernüchterung schrieb Wagner am 28. Juni 1857 an Liszt, daß er die Komposition des Siegfried im zweiten Akt abgebrochen habe. *Ich habe meinen jungen Siegfried noch in die schöne Waldeinsamkeit geleitet; dort hab' ich ihn unter der Linde gelassen* – gemeint ist das Waldweben zu Siegfrieds Worten *Daß der mein Vater nicht ist, wie fühl' ich mich drob so froh – und mit herzlichen Tränen von ihm Abschied genommen: er ist dort besser dran, als anderswo.*

Wagner, der Fragmentarisches schwer ertrug, war hartnäckig im Vollenden. Um so erstaunlicher ist der Entschluß, die Komposition des Siegfried abzubrechen, ohne daß der äußere Druck, so unerträglich er war, es entschiedener erzwungen hätte als in den Jahren zuvor. Immerhin hat Wagner, entgegen seinem Vorsatz, wenigstens die musikalische Skizze des zweiten Aktes in den folgenden Wochen noch abgeschlossen. *Nach einiger Unterbrechung*, heißt es in einem Brief an Marie Wittgenstein vom August 1857, *hatte ich mir eines Morgens schon das Papier zum Konzept der Tristan-Dichtung zurechtgelegt, als mich plötzlich ein solch sehnsüchtiger Jammer um den Siegfried bewältigte, daß ich ihn wieder hervorholte und mindestens die Vollendung des zweiten Aktes beschloß. Diese ist nun ausgeführt; Fafner ist tot, Mime ist tot und Siegfried ist dem fortflatternden Waldvogel nachgelaufen.*

Zwölf Jahre lang, bis 1869, ruhte das Werk. Nur einmal, im Tagebuch vom Juli 1859, ist von einem musikalischen Gedanken zum Siegfried die Rede. Von einer melodischen Wendung, die ihm während der Arbeit am dritten Akt des Tristan einfiel, erkannte Wagner, daß sie *nicht dem Hirten Tristans zugehöre, sondern dem leibhaftigen Siegfried,* und zwar den Worten aus dem Schlußduett: *Sie ist mir ewig, ist mir immer, Erb und Eigen, Ein und All'.*

Warum Wagner die Komposition des Siegfried abbrach, ohne Gewißheit, sie fortzusetzen oder Rheingold und Walküre als Fragmente der Tetralogie aufführen zu können, ist ungewiß. Es scheint, als sei er 1857 besessen gewesen von der Idee eines populären Werkes, das die Entfremdung von der Welt, die immer bedrückender wurde, durchbrechen sollte. (Aus dem Tristan-Stoff glaubte Wagner 1857, in bizarrer Selbsttäuschung, eine einfache Oper in italienischer Sprache machen zu können.) Nach der Vollendung des ersten Siegfried-Aktes schrieb er im Mai an Julie Ritter, er habe *jetzt die Überzeugung, daß der junge Siegfried als sein populärstes Werk eine sehr schnelle und glückliche Verbreitung gewinnen und nacheinander alle übrigen Stücke nach sich ziehen* werde. Die Überzeugung war untriftig: Siegfried ist niemals so populär geworden wie Die Walküre, die er *nach sich ziehen sollte.* Wesentlich ist jedoch nicht, daß Wagner sich irrte, sondern daß er um der Popularität willen daran dachte, Siegfried als Einzelwerk zu behandeln und die Idee einer primär zyklischen Aufführung der Tetralogie preiszugeben. Allerdings mußte er das Scheinhafte der Hoffnungen, die er auf Siegfried setzte, rasch durchschaut haben; und vielleicht hängt die Resignation, die im Juni 1857 übermächtig wurde, mit der Einsicht zusammen, daß der dritte Akt des Siegfried, der Übergang vom Märchen zum Mythos, die Vorstellung eines populären und in sich geschlossenen Werkes durchkreuzte.

Die Differenz zwischen Märchen und Mythos, zwischen der Waldvogelszene des zweiten Aktes und der Beschwörung Erdas durch Wotan zu Beginn des dritten, ist schroff, obwohl Wagner unverkennbar – durch die dramaturgisch sonst schwach motivierte Einfügung der Wotan-Mime-Wette im ersten und der Wotan-Alberich-Szene im zweiten Akt – um Vermittlung zwischen den getrennten Welten bemüht war. Und es scheint, als hätte die Unterbrechung der Komposition durch eine «Zwischenzeit», in der Tristan und Die Meistersinger entstanden, vollends zum Zerfall der ohnehin gefährdeten Einheit des Werkes führen müssen. Das Erstaunliche ist, daß es Wagner dennoch gelang, die Siegfried-Partitur vor dem Auseinanderbrechen zu bewahren, daß also, technisch gesprochen, die Verknüpfung der Teile durch partielle Übereinstimmung des Bestandes an Leitmotiven genügte, um die stilistische Divergenz nicht als Zusammenhanglosigkeit fühlbar werden zu lassen. So deutlich die Spuren sind, die der Tristan- und der Meistersinger-Stil im dritten Akt des Siegfried hinterlassen haben, so unleugbar ist es andererseits, daß von einem Bruch, durch den das Werk als Werk, als artifizielle Einheit, aufgehoben würde, nicht die Rede sein kann.

An den Tristan-Stil, der in der Musikgeschichte des 19. Jahrhunderts wenn nicht die Katastrophe, so doch die Peripetie bedeutete, erinnert im dritten Siegfried-Akt etwa das Motiv zu Siegfrieds Worten *Noch bist du mir die träumende Maid.*

Das Motiv ist, bei genauerem, analysierendem Hören, als chromatische Variante des Themas erkennbar, das die Liebe Siegfrieds und Brünnhildes ausdrückt.

Durch die Chromatisierung wird die nach außen gewandte Emphase des Themas gebrochen und ins Gegenteil verkehrt. Die Musik scheint sich gleichsam, wie im zweiten Akt des Tristan, vor der Welt zurückzuziehen: aus der Erscheinung in das Wesen, dessen tönendes Abbild sie nach Schopenhauers Metaphysik ist.

Charakteristisch für den TRISTAN-Stil ist in dem Zitat aus SIEG-
FRIED – um ein technisches Detail zu erwähnen, das ästhetische Bedeutung hat – die Dissonanzbehandlung: Der gedehnte dissonierende Vorhalt a wird nicht in eine Konsonanz, sondern wiederum in eine Dissonanz, in den Durchgang b, «aufgelöst»; und der Septakkord, der das
Klangfundament bildet, geht in einen anderen Septakkord statt in einen
Dreiklang über. Auf die Dissonanzen, das Unaufgelöste, fällt also der
Akzent. Die Konsonanz erscheint als bloßer Hintergrund: als Unausge-
sprochenes, das mitgedacht werden soll – denn was die Dissonanz ist
und expressiv oder allegorisch bedeutet, ist sie als «bestimmte Negation» und Abweichung von der Konsonanz –, das aber nicht gesagt zu
werden braucht.

Verdanken demnach die Chromatik und die unaufgelöste Dissonanz des TRISTAN-Stils ihren expressiven Charakter und ihre zwingende
Wirkung der zwar verschwiegenen, aber als Voraussetzung oder Implika-
tion immer fühlbaren Beziehung zur einfachen Diatonik und zur Konsonanz, so können umgekehrt – und die Umkehrung ist für den MEI-
STERSINGER-Stil charakteristisch – die Chromatik und die Dissonanz als
Hintergrund der Diatonik und der Konsonanz empfunden werden. Ist
im allgemeinen das Einfache die Folie des Komplizierten, so scheint es
bei Wagner manchmal, als sei das Komplizierte die Grundlage des Einfachen. Die triumphale Diatonik der MEISTERSINGER, die in der
Schlußszene des SIEGFRIED, dem Duett Siegfried-Brünnhilde, wiederkehrt, ist eine «zweite Diatonik» im selben Sinne, in dem Hegel von
«zweiter Natur» spricht: eine Diatonik, in der die Chromatik aufgehoben ist. Die Melodie zu Siegfrieds Worten *Sie ist mir ewig, ist mir immer, Erb und Eigen, Ein und All'*, ein Paradigma robuster Diatonik, ist
Wagner, wie erwähnt, eingefallen, als er den dritten TRISTAN-Akt, einen Exzeß von Chromatik, komponierte.

Die Naivität der Melodie ist artifiziell und darum gefeit gegen die
Versuchungen des Volkstons.

An die MEISTERSINGER erinnert, außer der Diatonik, die eine
«zweite Diatonik» ist, die – mit der Diatonik eng zusammenhängende –
Kontrapunktik des SIEGFRIED-Schlusses: die Schichtung von Themen,
die unabhängig voneinander entstanden sind, des Jubel-, des Liebes-
und des Siegfried-Motivs in der Ober-, der Mittel- und der Unterstimme.

Die Kontrapunkttechnik, der zweifellos ein Moment des Gewalt-
samen, des Zusammenzwingens von Heterogenem, anhaftet, ist nicht
zufällig gerade von Richard Strauss gerühmt und von Heinrich Schen-
ker – dem verbissen konservativen Theoretiker – getadelt worden: Sie
ist weniger ein abstrakt musikalisches als ein musikalisch-dichterisches
Verfahren; entscheidend ist nicht, wie die Themen als Stimmen ineinandergreifen (ihr musikalischer Konnex erschöpft sich beinahe darin,
daß sie denselben Akkord umschreiben), sondern daß die Kombination
«beredt» ist.

Götterdämmerung

1

In der Tragödie, die ursprünglich seinen Namen trug, ist Siegfried nichts als ein Werkzeug der Hagen-Intrige: kaum anders als Gunther und Gutrune, die blassen dramaturgischen Hilfsfiguren, die einzig durch Zwielichtigkeit davor bewahrt bleiben, langweilig zu sein. Das Tarnhelm- und das Zaubertrankmotiv, musikalische Rätselbilder von fahler, trügerischer Harmonik, sind in der GÖTTERDÄMMERUNG die eigentlichen Siegfriedmotive. Doch wirken sogar der Protagonist und der Antagonist der Handlung, Hagen und Brünnhilde, zwischen denen das Geschehen sich bewegt, eigentümlich starr und reduziert: Sie erscheinen kaum als differenzierte Charaktere und eher als bloße Träger ungebrochener Affekte. Hagen ist ganz Begierde nach dem Ring und der Herrschaft, die er verbürgt: ganz *Neid*, um mit Wagner zu sprechen. Bei Brünnhilde schlägt rückhaltlose Liebe, die jeden anderen Gedanken auslöscht, angesichts von Siegfrieds Verrat abrupt in besinnungslosem Haß um, und der Haß verwandelt sich ebenso unvermittelt in Liebe zurück, als Brünnhilde den Trug durchschaut, dem Siegfried zum Opfer gefallen ist. Die Personen gleichen, statt Charaktere im unverwässerten Sinne des Wortes zu sein, Schauplätzen von Affekten, die von außen über die Seele hereinbrechen und sich ungehemmt – ungebrochen durch Charakter – in ihr ausbreiten.

Dem entspricht es, daß in der Relation zwischen den handelnden Personen, dem Protagonisten und dem Antagonisten, von dramatischer Dialektik nicht die Rede sein kann. Hagen und Brünnhilde stehen sich entweder in schroffem, unvermitteltem Kontrast gegenüber, oder sie treffen sich – in der Verschwörungsszene des zweiten Aktes – in trügerischem Einverständnis. Und daß dessen musikalische Ausdrucksform das von Wagner für das Musikdrama verworfene Duett oder – da Gunther in die Verschwörung einbezogen wird – das Terzett ist, darf keineswegs als Zufall abgetan werden. Ein musikalisches Drama, in dem die Personen bloße Träger von Affekten sind und die Dialoge zu Tableaux werden, zur musikalischen Ausmalung zusammenstimmender oder gegensätzlicher Gefühle, ist nichts anderes als eine Oper.

Andererseits erscheint die GÖTTERDÄMMERUNG – ihr musikalisch-dramatischer Charakter ist durch Ambiguität geprägt – als dramatische Symphonie: «dramatisch» nicht allein in dem trivialen Sinne, daß die Symphonie, die *Orchestermelodie*, ein Drama begleitet, sondern auch insofern, als die Funktion und das Gewicht des Symphonischen in der besonderen gedanklich-dramaturgischen Konstruktion des Werkes begründet sind: in dem Verhältnis zwischen Göttermythos und Heroendrama. Die Szenen, in denen der Göttermythos in die Handlung hineinragt, die Nornenszene des Vorspiels, Waltrautes Erzählung von Wotan und Hagens Traumdialog mit Alberich, greifen weniger in die Handlung unmittelbar ein, als daß sie die irdisch gegenwärtigen Vorgänge mit mythischer Bedeutung – gleichsam mit weittragendem Nachhall – ausstatten und zugleich das Drama von Siegfrieds Tod in den Gesamtzusammenhang der Tretralogie einfügen. Eine analoge Funktion aber fällt der Musik, der symphonischen *Orchestermelodie*, zu, einer Musik, die aus Ahnungen und Erinnerungen den großen Hintergrund der Ereignisse webt und deren mythische Motive – das Ring-, Walhall-, Erda-, Götterdämmerungs-, Vertrags- und Fluchmotiv – die gegenwärtigen Vorgänge an ihre vorgeschichtlichen Voraussetzungen und Ursprünge anknüpfen. Die Szenen, in welchen der Göttermythos zur Sprache kommt, sind demnach, obwohl sie dramaturgisch – vom Einzelwerk, der sichtbaren Handlung her geurteilt – peripher erscheinen, musikalisch zentral: Sie bilden das Gerüst des Motivzusammenhangs, der das ganze Drama überzieht. Und wenn der Göttermythos neben dem Heroendrama zu verblassen droht, weil er nicht szenische Gestalt annimmt, so ist es die Musik, die ihn – und damit den Gesamtzusammenhang des Zyklus – wieder in seine dramatischen Rechte einsetzt.

Die musikalisch-dramatische Struktur der GÖTTERDÄMMERUNG – und die dramatische ist ebenso von der musikalischen abhängig wie umgekehrt die musikalische von der dramatischen – ist demnach bestimmt durch die zwiespältige Relation zwischen Göttermythos und Heroendrama, zyklischem Zusammenhang und Einzelwerk, musikalischer Symbolik und szenischer Gegenwart, Symphonie und Oper. Und die Kompliziertheit wächst noch durch die Konsequenzen, die sich aus dem Zeitabstand zwischen der Entstehung des Textes und der Komposition der Musik ergaben.

2

Die symphonische Verwebung von Motiven und die Geschlossenheit des Opernstücks bilden die kompositionstechnischen Extreme, zwischen denen sich die Musik der GÖTTERDÄMMERUNG erstreckt: Extreme aber, die miteinander vermittelt sind, statt unverbunden nebeneinander zu stehen. Je dichter das Netz der Motive geknüpft erscheint –

und in der GÖTTERDÄMMERUNG sind die Motive der ganzen Tetralogie versammelt –, um so übermächtiger ist einerseits die Neigung des Hörers, sich dem «Beziehungszauber» reflexionslos und ohne Aufmerksamkeit für musikalische Formen zu überlassen, um so dringlicher also andererseits die Notwendigkeit, sich das syntaktisch-formale Gerüst bewußt zu machen, das den Motivreihungen und -verkettungen zugrundeliegt und von dem sie getragen werden: die Gliederung der *unendlichen Melodie* in musikalisch-rhetorische Perioden.

Waltrautes Erzählung im ersten Akt der GÖTTERDÄMMERUNG (*Höre mit Sinn, was ich dir sage*) – einer der Teile des Dramas, in denen musikalische Motive des Göttermythos zusammengedrängt sind – besteht aus sieben Perioden von mittlerer, überschaubarer Länge $(17+18+17+24+16+33+31$ Takte). Und das quantitative Moment der Gliederung ist keineswegs gleichgültig: Ein Hörer muß, um nicht in Verwirrung zu geraten, voraussetzen können, daß sich Gebilde, die er als musikalische Sätze begreifen soll, in einer bestimmten Größenordnung halten.

Sprachlich-Syntaktisches und Musikalisches wirken zusammen, um die Periodengliederung in Waltrautes Erzählung fühlbar und unmißverständlich zu machen. Musikalisch ist eine Periode primär durch ein Hauptmotiv geprägt, das sowohl den Zusammenhalt des Satzes in sich als auch die Unterscheidung von den angrenzenden Teilen verbürgt. Hauptmotiv ist in der ersten Periode das Unmut-, in der zweiten (*Jüngst kehrte er heim*) das chromatisch verzerrte Walhallmotiv. Nebenmotive – in der ersten Periode der Walkürenrhythmus, in der zweiten das Speer- und das Welteschemotiv – werden durch Details des Textes hervorgerufen, haben also Zitatcharakter und wirken musikalisch-formal nicht selten als Einsprengsel: Sie erscheinen, wie es Bernard Shaw den Leitmotiven insgesamt vorwarf, sozuagen auf ihr Stichwort.

Die Differenzierung in Haupt- und Nebenmotive, grundlegend für das Verständnis der musikalischen Form, ist als funktionale, nicht als essentielle Unterscheidung gemeint: Das Hauptmotiv der einen Periode kann in einer anderen zum Nebenmotiv werden. Und der Funktionswechsel ist sogar eines der Mittel, um zwei Perioden sowohl – durch die Wiederkehr eines Motivs – miteinander zu verknüpfen als auch – durch die Akzentverlagerung – voneinander abzuheben. Eine andere Methode, die zugleich und ineins Zusammenhang und Unterscheidung verbürgt, ist das Verfahren, ein Motiv durch eingreifende Variation in einen Gegensatz seiner selbst zu verwandeln, ohne daß die Zusammengehörigkeit unkenntlich würde, oder umgekehrt Motive, die unabhängig voneinander entstanden sind, einander anzunähern, so daß es scheint, als sei das eine aus dem anderen deduziert. Hauptmotiv der fünften Periode in Waltrautes Erzählung (*Seine Raben beide*) ist das Rheingoldmotiv in chromatisch getrübter oder verzerrter und in ursprünglicher Gestalt: Die beiden Ausprägungen – die zweite ist von den Leitmotivexegeten als eigenes Motiv aufgefaßt und als «Fronmotiv» etikettiert worden – kontrastieren schroff und werden dennoch zusammen als Hauptmotiv der Periode empfunden. In der sechsten Periode (*Seine Knie umwindend*) ist das Rheingoldmotiv vom Hauptmotiv zum Nebenmotiv, vom herrschenden Thema zum Zitat geworden. Andererseits ist es jedoch mit dem neuen Hauptmotiv, dem Unmutmotiv, durch ein gemeinsames Merkmal, den akzentuierten und gedehnten Halbtonschritt abwärts, verbunden, ohne daß die Motive ursprünglich voneinander abgeleitet wären. Die Verknüpfung ist sekundär.

Widerpart der differenzierten Motivtechnik, des symphonischen Moments, ist in der GÖTTERDÄMMERUNG – und im dritten Akt des SIEGFRIED, der stilistisch mit der GÖTTERDÄMMERUNG eng zusammenhängt – der Rückgriff auf traditionelle Satztypen der Oper: das Duett am Ende des SIEGFRIED und das Terzett, mit dem der zweite Akt der GÖTTERDÄMMERUNG schließt. Der Rekurs ist aus der Entstehungsgeschichte des RING – die textlich früher konzipierten Teile, SIEGFRIED und GÖTTERDÄMMERUNG, sind die später komponierten – zu erklären. Daß Stimmen von ausgeprägt verschiedenem Charakter ein Duett oder Terzett bilden, also zu einem zwei- oder dreistimmigen Satz zusammengefügt oder -gezwungen werden, war von Wagner im RHEINGOLD und in der WALKÜRE vermieden worden, weil das Zugleich-Reden dem Dialogprinzip des gesprochenen Dramas, das auch für das *Wort-Ton-Drama* gelten sollte, widerspricht. (Daß die Rheintöchter oder die Walküren, die kaum individualisiert sind, sich zu musikalischen Ensembles zusammenschließen, zudem bei Texten, die auch in einem gesprochenen Drama Gesang erlauben würden, ist mit dem Dialogprinzip vereinbar.) Im dritten Akt des SIEGFRIED und in der GÖTTERDÄMMERUNG aber setzte sich Wagner über die eigene Ästhetik, die eine Anti-Opernästhetik war, hinweg. Und die Rücksichtslosigkeit gegen die Dogmatik des Musikdramas ist – mindestens partiell – aus der Tatsache zu erklären, daß die Dichtungen zu SIEGFRIED und der GÖTTERDÄMMERUNG früher entstanden sind als die zu RHEINGOLD und der WALKÜRE: zu einer Zeit, als die Grundzüge des Musikdramas noch nicht so fest umrissen waren wie später. Jedenfalls sind die traditionellen Satztypen in den Texten des Brünnhilde-Siegfried-Duetts und des Brünnhilde-Gunther-Hagen-Terzetts – in den syntaktisch-semantischen Parallelismen, die zum Zugleich-Singen herausfordern – zu deutlich vorgezeichnet, als daß eine Vertonung nach dem Dialogprinzip sinnvoll gewesen wäre. Außerdem war Wagner in TRISTAN UND ISOLDE immer dann vom Dialog zum Duett, zum *Zwiegesang*, zurückgekehrt, wenn das Drama es erlaubte, wenn also die Unterredung in den Ausdruck restlosen Einverständnisses überging. Und als Darstellung von Übereinstimmung – sei es in der Liebe oder im Haß – sind auch das Duett im Siegfried und das Terzett in der Götterdämmerung aufzufassen; die dramatische Dialektik ist zu einem Stillstand gekommen. Das bedeutet jedoch, daß die Entfernung vom Dialogprinzip des *Wort-Ton-Dramas* und die Annäherung an die Oper im Grunde gering ist, oder negativ formuliert: daß die höchste musikalisch-dramaturgische Möglichkeit des Opernensembles – die Simultaneität von Kontrastierendem, die Dialektik in der Gleichzeitigkeit, die im gesprochenen Drama, als Durcheinander-Reden, absurd wäre, in der Oper jedoch, weil die Musik die Stimmen zugleich auseinanderhält und verknüpft, sinnvoll und expressiv sein kann – von Wagner gerade nicht restituiert worden ist.

3

Der Schluß der Götterdämmerung, der von Wagner immer wieder geändert wurde, als sei ein Drama unbegrenzt zum Ausdruck extrem wechselnder politisch-philosophischer Überzeugungen tauglich, ist eine Verlegenheit für Exegeten, die sich an das «letzte Wort» eines Autors zu klammern suchen. Wagner war sich dessen, was das eigene Werk bedeutet, keineswegs sicher, und man wird sich eher dem Dramatiker Wagner anvertrauen dürfen als dem Philosophen.

Das Gold ist zu den Rheintöchtern zurückgekehrt, der Fluch also ausgelöscht, so daß es scheint, als werde ein Stück Utopie sichtbar. Doch sind die Rheintöchter bloße Elementarwesen: eher vormenschlich als menschlich. Die Welt der Götter, repräsentiert durch Walhall, ist dem Untergang verfallen: nach Wotans Willen, der sich das Verhängnis, dem er nicht entrinnen konnte, zu eigen machte. Von den Menschen aber steht nichts anderes fest, als daß sie Überlebende der Katastrophe sind: *Aus den Trümmern der zusammengestürzten Halle sehen die Männer und Frauen, in höchster Ergriffenheit, dem wachsenden Feuerschein am Himmel zu.* Ist die Ergriffenheit angesichts des Untergangs einer alten Welt zugleich Bewußtsein des Aufgangs einer neuen?

In der Textfassung von 1852 standen in Brünnhildes Schlußworten einige Strophen, die Wagner später, in der Schopenhauer-Stimmung des Jahres 1856, verworfen hat.

... Nicht Gut, nicht Gold,
noch göttliche Pracht;
nicht Haus, nicht Hof,
noch herrischer Prunk;
nicht trüber Verträge
trügender Bund,
nicht heuchelnder Sitte
hartes Gesetz:
selig in Lust und Leid
läßt – die Liebe nur sein.

Wagner ersetzte 1856 die Verse, die ein Reich der Freiheit verkünden, das aus dem Untergang einer Welt *trüber Verträge* hervorgeht, durch Strophen im Geiste Schopenhauers.

... Aus Wunschheim zieh ich fort,
Wahnheim flieh' ich auf immer;
des ew'gen Werdens
offne Tore
schließ' ich hinter mir zu:
nach dem wunsch- und wahnlos
heiligsten Wahlland,
der Weltwanderung Ziel,
von Wiedergeburt erlöst,
zieht nun die Wissende hin.
Alles Ew'gen
sel'ges Ende,
wißt ihr, wie ich's gewann?
Trauernder Liebe
tiefstes Leiden
schloß die Augen mir auf:
enden sah ich die Welt.

Wiederum ist Brünnhilde das Vorbild einer künftigen Menschheit. Aber die Utopie, die sie antizipiert, ist eine negative: Versöhnung ist einzig durch Entsagung, nicht durch Liebe erreichbar. Und eine Resignation und Selbstverneinung, die alle ergreift, wäre das «Ende der Welt», einer Welt, die nichts als Verhängnis und Verstrickung ist.

Keiner der Schlüsse, weder der utopische noch der resignierte, ist von Wagner komponiert worden. (Die Privatkomposition des Schlusses von 1852 für Ludwig II. ist irrelevant.) Von der Schopenhauer-Paraphrase war Wagner allerdings überzeugt, daß sie adäquater Ausdruck des Schlusses sei; die *dichterische Absicht*, die sie in Worte fasse, brauche jedoch nicht formuliert zu werden, da sie im Drama *verwirklicht* sei. *Daß diese Strophen, weil ihr Sinn in der Wirkung des musikalisch ertö-*

nenden Dramas bereits mit höchster Bestimmtheit ausgesprochen wird,
bei der lebendigen Ausführung hinwegzufallen hatten, durfte schließlich
dem Musiker nicht entgehen. Es scheint aber, daß sich Wagner über den
Sinn des eigenen Werkes täuschte. Der eigentlich authentische Schluß
ist offenkundig der von 1852, der in der ersten Konzeption, dem Prosaentwurf von 1848, bereits vorgezeichnet war.

Erstens änderte Wagner, wenn auch unauffällig, sein negatives Urteil über den Schluß von 1852. In einem Brief an Röckel vom 23. August 1856 bezeichnete er ihn als *tendenziös*: als verzerrenden Eingriff
einer gleichsam von außen kommenden politisch-philosophischen Absicht in ein Drama, das von sich aus auf einen anderen Sinn zielt. Dagegen ist 1873, in den Gesammelten Schriften, nur von *sentenziösen* Versen die Rede: von einem Versuch also, in Worte zu fassen, was nicht gesagt zu werden braucht, weil es aus der Handlung selbst hervorgeht.
Sentenziös ist jedoch die Schopenhauer-Paraphrase gleichfalls.

Zweitens ist das Instrumentalthema, mit dem die GÖTTERDÄMME-
RUNG schließt, nicht musikalische Metapher von Entsagung und *Ver-
neinung des Willens,* sondern Ausdruck der *seligen Liebe,* die der
Schluß von 1852 rühmt.

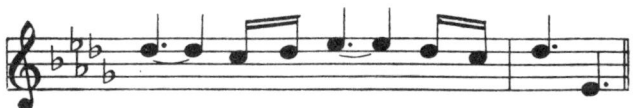

Das Thema stammt aus der WALKÜRE, in der es, nach Brünnhildes
Voraussage von Siegfrieds Geburt, zu Sieglindes Worten *O hehrstes
Wunder* exponiert wird.

Drittens ist die Schopenhauer-Paraphrase von 1856, in der aus
trauernder Liebe tiefstem Leiden Brünnhildes Entsagung – als Erkenntnis von der Hoffnungslosigkeit des Weltlaufs – erwächst, dramaturgisch
ein begrenzter Schluß: eher ein Ende der GÖTTERDÄMMERUNG für sich
als der Tetralogie im ganzen. In der GÖTTERDÄMMERUNG – außer im
Vorspiel, dem Abschied Siegfrieds von Brünnhilde – zeigt sich, wie
Wagner es 1856 in dem zitierten Brief an Röckel ausdrückte, die Liebe
doch als recht gründlich verheerend. In dem Zusammenhang aber, der
sich vom Schlußakt der WALKÜRE über den des SIEGFRIED bis zum Vorspiel und zum Ende der GÖTTERDÄMMERUNG erstreckt, erscheint
Brünnhildes Liebe zu Siegfried als Gegensatz zu Wotans Entsagung
und Weltverneinung und als Antizipation künftiger Versöhnung. Die
Absicht der Götter *würde erreicht sein, wenn sie in dieser Menschen-*

schöpfung sich selbst vernichteten, nämlich in der Freiheit des menschlichen Bewußtseins ihres unmittelbaren Einflusses sich begeben müßten, hieß es in dem Prosaentwurf von 1848; und nichts anderes besagt die Musik, die Wagner 1874 zum Schluß der GÖTTERDÄMMERUNG komponierte. Die erste Konzeption war zugleich die letzte.

Parsifal

Am 28. September 1880, anderthalb Jahre vor der Vollendung der Parsifal-Partitur, schrieb Wagner an Ludwig II.: *Ich habe nun alle meine noch so ideal konzipierten Werke an unsere, von mir als tief unsittlich erkannte Theater- und Publikumspraxis* – Wagner meinte das Nebeneinander von Werken, die sich ausschließen und von denen das eine das Daseinsrecht des anderen durchkreuzt – *ausliefern müssen, daß ich mich nun wohl ernstlich fragen mußte, ob ich nicht wenigstens dieses letzte und heiligste meiner Werke vor dem gleichen Schicksale einer gemeinen Opernkarriere bewahren sollte* – eingefügt zwischen Opern würde das *Bühnenweihfestspiel* selbst zur Oper –. *Eine entscheidende Nötigung hierfür habe ich endlich in dem reinen Gegenstande, in dem Sujet meines ‹Parsifal› nicht mehr verkennen dürfen.* Es scheint demnach, als unterscheide Wagner das *heiligste seiner Werke* von den früheren zwar graduell, aber nicht prinzipiell, als sei also Tannhäuser, in manchen Zügen eine Vorform zu Parsifal, gleichfalls ein *heiliges Werk*, wenn auch in schwächerer Ausprägung. Oder ist Parsifal, das *Bühnenweihfestspiel*, das Wagner für Bayreuth retten wollte (nicht zum Schutze Bayreuths, sondern zu dem des Werkes), religiöses Theater in einem Sinne, in welchem Tristan – in dessen Text der Name Gottes nicht vorkommt – es nicht ist?

Nietzsches Anklage, Wagner, der Dichter des Ring, des antitheologischen Mythos vom Untergang der Götter, sei in Parsifal *vor dem Kreuz zusammengebrochen*, ist ebenso verquer und kunstfremd wie der entgegengesetzte Vorwurf, Wagner habe, als hemmungsloser Theatromane, christliche Mythen und Symbole als Bühneneffekte verschleudert – ein Vorwurf, der einen dogmatisch-positiven Begriff vom Christentum und einen geringschätzigen vom Theater voraussetzt, während Wagner das Christentum philosophisch und das Theater antikisierend verstand. Die Dialektik von «Engagement» und «Kunstcharakter», um es anachronistisch auszudrücken, ist zu verwickelt, als daß sie in einfache Formeln auflösbar wäre – die Meinung, daß die Absicht, die hinter einem Werk steht, im Kunstgebilde restlos aufgehoben und aufgezehrt sei, ist ebenso dogmatisch wie die Überzeugung, daß gerade umgekehrt der Kunstcharakter ein bloßes Vehikel der Tendenz sei oder sein könne. Andererseits wechselt die Dialektik von Epoche zu Epoche ihre Voraussetzungen und Implikationen. (Ist – um an Wagners Antipoden zu exemplifizieren – Brechts Marxismus, wie Max Frisch einmal argwöhnte, ein Mittel zum Zweck des Stückeschreibens, und zwar ein offenkundig brauchbares, oder ist umgekehrt das Stückeschreiben ein – sei es taugliches oder untaugliches – Vehikel zur marxistischen Veränderung der Wirklichkeit? Die Alternative ist erzwungen; sie reißt auseinander, was zusammengehört.)

Wagners Glaube war ein philosophischer Glaube, eine Mitleids- und Entsagungsmetaphysik, deren entscheidende Motive aus Schopenhauers «Welt als Wille und Vorstellung» und – durch Schopenhauers Vermittlung – aus dem Buddhismus stammten und deren Grundzüge Wagner im Christentum wiedererkannte: Insofern war er Christ. Die tradierte Religion aber verstand er – in Übereinstimmung mit dem herrschenden Geist des 19. Jahrhunderts, das der positiven Religion entfremdet war – geschichtsphilosophisch: als sich entwickelnde Wahrheit in wechselnden historischen Gestalten. Was einmal geglaubter, beim Wort genommener Mythos war, ist zur Metapher einer metaphysischen Einsicht geworden; und der Ritus früherer Zeiten, als solcher ausgehöhlt und substanzlos geworden, geht in Kunst über, um als Sinnbild eine Bedeutung und Triftigkeit zu retten, die er als magischer Vollzug eingebüßt hat. *Man könnte sagen*, schrieb Wagner 1880 in der Abhandlung RELIGION UND KUNST, dem philosophischen Kommentar zu PARSIFAL, *daß da, wo die Religion künstlich wird* – wo sie, um mit Hegel zu reden, aufhört, substanziell zu sein –, *der Kunst es vorbehalten sei, den Kern der Religion zu retten, indem sie die mythischen Symbole, welche die erstere* – die Religion auf der Stufe des Mythos – *im eigentlichen Sinne als wahr geglaubt wissen will, ihrem sinnbildlichen Werte nach erfaßt, um durch ideale Darstellung derselben die in ihnen verborgene tiefe Wahrheit erkennen zu lassen.* PARSIFAL ist also unleugbar ein Dokument der «Kunstreligion» des 19. Jahrhunderts. Der Begriff besagt jedoch weniger, daß Kunst als Religion – unter dem Gesichtspunkt des positiven Christentums: als Pseudoreligion – und das Kunstwerk als religiöser Ritus verstanden werde, sondern daß Religion – oder deren Wahrheit – aus der Form des Mythos in die der Kunst übergegangen sei. Und der Inbegriff der Kunst, deren geschichtsphilosophische Stunde geschlagen hat, war für Wagner das Drama.

PARSIFAL ist ein Werk der Zusammenfassung, des sammelnden und verknüpfenden Rückgriffs. Um den Stoff kreisten Wagners Gedanken bereits um 1845, in der Zeit, in welcher TANNHÄUSER abgeschlossen und LOHENGRIN konzipiert wurde; und der innere Konnex mit beiden Werken ist offenkundig. (In dem Gesamtwerk Wagners, wie er selbst es verstand, steckt eine Tendenz zum mythologischen System, zu einer dichterischen Leitmotivtechnik, die über das einzelne Drama hinausgreift.) Kundry, die *Höllenrose*, ist eine zweite Venus, Klingsors Zaubergarten erinnert an den Hörselberg; und die Sphäre der Gralsburg Montsalvat ist in Lohengrins Erzählung, auch musikalisch, vorgeformt.

Andererseits ist Parsifal, der *reine Tor*, der in der Wildnis aufgewachsen und zum Retter einer Welt berufen ist, die er nicht kennt, ein zweiter Siegfried. *Schächer und Riesen traf seine Kraft: den freislichen Knaben fürchten sie alle,* sagt Kundry von ihm. Doch ist der *Wille*, der zu Taten drängt, in Parsifal gebrochen, und zwar durch Mitleid; nicht die *freieste Tat*, sondern Entsagung ist das Ziel. Schmiedet Siegfried das Schwert, um den Drachen zu töten, so zerbricht Parsifal den Bogen, als er die Tötung des Schwans als Sünde erkennt. Brünnhilde erwacht durch Siegfrieds Kuß zu einem *leuchtenden Tag*; Kundrys Kuß macht Parsifal *welthellsichtig* für das Nächtige, für den *Wahn*, dem einzig der Entsagende entrinnt, der sich vom *Willen*, dem blinden Trieb und Drang, losreißt.

Am engsten ist zweifellos der Zusammenhang zwischen PARSIFAL und TRISTAN. 1854 skizzierte Wagner eine Szene, in der Parsifal als irrender, den Gral suchender Ritter mit dem todkranken Tristan zusammentrifft. Am 30. Mai 1859 schrieb er an Mathilde Wesendonck: *Es ging mir kürzlich nämlich wieder auf, daß dies (Parsifal) wieder eine grundböse Arbeit werden müsse. Genau betrachtet ist Amfortas der Mittelpunkt und Hauptgegenstand. Das ist denn nun aber keine üble Geschichte das. Denken Sie um des Himmels willen, was da los ist! Mir wurde das plötzlich schrecklich klar: es ist mein Tristan des dritten Aktes mit einer undenklichen Steigerung. Die Speerwunde und wohl noch eine andere – im Herzen, kennt der Arme in seinen fürchterlichen Schmerzen keine andere Sehnsucht, als die zu sterben; dies höchste Labsal zu gewinnen, verlangt es ihn immer wieder nach dem Anblick des Grals, ob der ihm wenigstens die Wunde schlösse, denn alles andere ist ja unvermögend, nichts – nichts vermag zu helfen: – aber der Gral gibt ihm immer nur das eine wieder, eben daß er nicht sterben kann.* An der tragischen Dialektik, daß der Weg, auf dem Rettung gesucht wird, ins Verderben führt, entzündete sich, nicht anders als bei der Konzeption des Nibelungendramas, Wagners Interesse am Stoff. Und in einen analogen Widerspruch verstrickt sich Kundry: Um erlöst zu werden, ersehnt sie Parsifals Umarmung, durch die sie aber, würde Parsifal ihr – wie Amfortas – verfallen, nur um so tiefer in die Verdammnis geriete, aus der sie hinausstrebt.

O, Elend! Aller Rettung Flucht!
O, Weltenwahns Umnachten:
in höchsten Heiles heißer Sucht
nach der Verdammnis Quell zu schmachten!

Mit dem Entwurf zu einem JESUS VON NAZARETH-Drama, der aus der Dresdener Zeit stammt, ist PARSIFAL sinnfällig verbunden durch die Szene im dritten Akt, in der Kundry als büßende Magdalena, Parsifal als Christus und Gurnemanz als Johannes der Täufer erscheint. Zu erinnern wäre auch an das buddhistische Drama DIE SIEGER, skizziert 1856, in dem das Motiv der Wiedergeburt und schließlich Erlösung Kundrys präformiert ist.

So verwickelt demnach die Beziehungen sind, durch die PARSIFAL mit früheren Werken und Entwürfen zusammenhängt, so einfach ist der Umriß des Dramas selbst, dessen Text 1877 und dessen Komposition 1882 abgeschlossen wurde. Eingefügt in eine äußere Form, deren strenge Symmetrie – der dritte Akt entspricht dem ersten, der zweite bildet einen Kontrast – an Architektur erinnert, vollzieht sich eine innere Handlung, die einem Stufenschema folgt und deren Grundzug von Wagner in Worte gefaßt wurde, die halb als Devise, halb als Rätselspruch und Orakel erscheinen: *Durch Mitleid wissend, der reine Tor.*

Im ersten Akt, in dem *heiligen Bezirk* am Fuße der Gralsburg, fühlt Parsifal, als er den Schwan getötet hat, eine erste Regung des Mitleids. (Die Szene mit dem Schwan, für die äußere Handlung peripher, ist für die innere zentral.) Beim Anblick von Amfortas' Qual, während der Abendmahlsfeier in der Gralsburg, krampft sich Parsifal das Herz zusammen; dennoch wagt er nicht, die *erlösende Frage* zu stellen: das Mitleid, das er fühlt, ist noch dumpf und sprachlos. (Es scheint, als verwirrten sich die Handlungsmotive: Bedeutet bereits die von Parsifal zunächst versäumte Frage nach dem Grund des Leidens Erlösung von der Qual, oder ist der Speer entscheidend, den Amfortas an den Zauberer Klingsor verlor, als er Kundry verfiel? *Die Wunde schließt der Speer nur, der sie schlug.* Der Widerspruch löst sich, wenn man die Verschränkung von pragmatischen und symbolischen Momenten als das dramatische Konstruktionsprinzip des PARSIFAL erkennt und den Speer, der die Wunde heilt, als Symbol des Mitleids, der «Umkehrung des Willens» im Sinne Schopenhauers, versteht: des Mitleids nicht als dumpfer Regung, sondern als Einsicht in die Qual der Welt, deren einziger Trost die Erkenntnis der Trostlosigkeit, die Resignation, ist.) Im zweiten Akt wird Parsifal, der *reine Tor,* durch Kundrys Kuß *welthellsichtig*: Er fühlt in sich selbst Versuchung, Sehnsucht und Leiden, denen Amfortas ausgesetzt war, und durchschaut die Welt als Schuldzusammenhang und Kreislauf des Elends, den einzig Mitleid und Entsagung, Abkehr vom «Willen», dem blinden Trieb und Drang, zu durchbrechen vermögen. Der dritte Akt, die Taufe Kundrys, die Heilung des Amfortas und die Rettung des Grals *aus schuldbefleckten Händen* – denen des Amfortas, der aber eine Welt von Verstrickung repräsentiert –, ist nichts als Vollzug dessen, was am Ende des zweiten, als Parsifal den Speer zurückgewonnen hat, vorgezeichnet war. (Parsifals Irrfahrt, die Suche nach dem Gral, die das instrumentale Vorspiel zum dritten Akt schildert, ist ein retardierendes Moment der Handlung, das aber in deren Verlauf nicht motivierend eingreift.) Der Vollzug, «ereignislos» nach gewöhnlichen Begriffen vom Drama, ist jedoch kein Ritual, keine bloße Darstellung und symbolische Vergegenwärtigung von längst Feststehendem, sondern bezeichnet eine dritte Stufe der inneren Handlung. Das Mitleid, im ersten Akt dumpfes, sprachloses Gefühl, im zweiten Erkenntnis und *Welt-Hellsicht*, wendet sich im dritten als *erlösende Tat* nach außen. Parsifal ist Gralskönig, nicht Anachoret, der sich vor der Welt verschließt. (Ob Wagners *Regenerationslehre*, Ergänzung und partieller Widerruf der Schopenhauerschen Willens- und Entsagungsmetaphysik, die dramatische Konstruktion des PARSIFAL begründet oder umgekehrt in ihr begründet ist, ob also die Philosophie in der Dramaturgie wurzelt oder die Dramaturgie in der Philosophie, ist ungewiß.)

3

Parsifal, weniger eine Sagen- als eine Legendengestalt, ist ein passiver Held: Die entscheidende Tat, die als Peripetie des Dramas erscheint, ist eine Verweigerung. Und die Handlung, in deren Zentrum er unversehens gerät, ist nichts als der Anlaß und die Außenseite eines Erkenntnisweges. PARSIFAL repräsentiert nahezu das Paradox eines Heiligendramas.

Aus der Passivität des Helden erwachsen dramaturgische Konsequenzen, durch die sich das *Bühnenweihfestspiel* von einem Drama unterscheidet. Da Parsifal nicht handelt, nicht auf ein Ziel gerichtet ist (außer bei seiner Irrfahrt, die aber durch Gnade ein Ende findet), da er nicht im Entschluß, sondern erst in der Reaktion zu sich selbst kommt, muß die Vorgeschichte des Dramas episch ausgebreitet werden, statt daß sie als wirkendes, motivierendes Moment in die Handlung, in das Geflecht der Aktionen, integriert würde. Und so fällt dem Erzähler Gurnemanz, der dramaturgisch eine bloße Hilfsfigur ist, die längste Rolle des Werkes zu. Ein Gegenexempel oder eine Ausnahme bildet allerdings Kundrys Erzählung von Herzeleide, Parsifals Mutter, im zweiten Akt: Scheinbar eine Episode, ist die Erzählung in Wahrheit bewegendes Moment der Verführungsszene, einer Szene, deren Sinn erst durch psychoanalytische Deutung erschlossen worden ist. (Umgekehrt ist es nicht undenkbar, daß der zweite Akt des PARSIFAL und der dritte des SIEGFRIED insgeheim von Einfluß auf die Entwicklung der psychoanalytischen Theorie gewesen sind.)

Die Erzählung des Gurnemanz, Expositionsszene und Hauptstück des ersten Aktes, ist allerdings zugleich ein Tableau. Das Epische ist mit Szenisch-Anschaulichem – das dramaturgisch eher illustrativ als konstitutiv ist – verschränkt. Und der «Zusatz» an Szenischem ist – mindestens partiell – musikalisch, in den Bedingungen einer sinnfälligen und nachdrücklichen Exposition von Leitmotiven, begründet. Wagner, dem Theatromanen, der stets nach Deutlichkeit und restloser Verständlichkeit trachtete, genügte es im allgemeinen nicht, musikalische Motive bei deren Exposition ausschließlich textlich, durch ein Stück Erzählung, zu kommentieren; er suchte, wenn irgend möglich, nach szenischer Vergegenwärtigung des musikalischen Sinns. Und die sichtbare Darstellung muß nicht Handlung, sondern kann auch Tableau sein.

Das Grals- und das Glaubensmotiv erscheinen nicht auf ein «Stichwort» hin, sondern in der Funktion eines *Morgenweckrufs*, als musikalischer Bestandteil einer Gebetsszene, durch welche die Gralssphäre sinnfällig gemacht werden soll.

Die Kundrymotive, das Rittmotiv und die niederstürzende, gleichsam in sich zusammenbrechende Figur, sind gestisch-szenische Musik zu Kundrys Auftritt.

Der kranke Amfortas wird – statt nur Gegenstand einer Erzählung zu sein, was zur Folge hätte, daß das Amfortas-Motiv ausschließlich textlich begründet wäre – auf seinem Siechbett vorübergetragen, obwohl sich nichts anderes ereignet, als daß er von Kundry ein Heilkraut erhält, das nicht hilft.

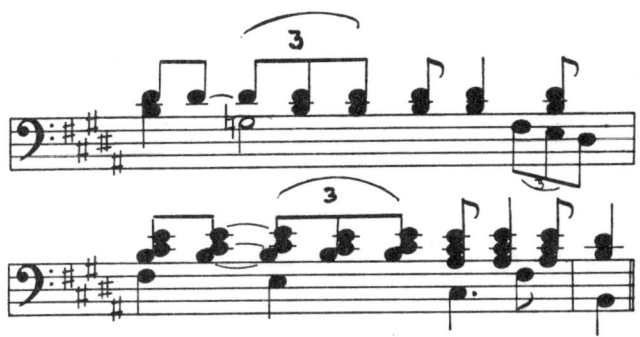

Das Torenmotiv (*Durch Mitleid wissend, der reine Tor*) wird von Amfortas als Orakelspruch und Verheißung zitiert; und das Zitieren ist – als Herausheben aus dem Kontext – eine Geste, ein szenisches Moment.

Daß das Amfortas- und das Torenmotiv schon vor der Amfortasszene in Gurnemanz' Erzählung antizipiert werden, besagt wenig: Die

Motive haben in der Erzählung, obwohl der Text ihren Sinn ausspricht, noch halb den Charakter von *Ahnungen*, wie Wagner es in OPER UND DRAMA nannte. Die eigentliche Exposition, die demnach nicht mit dem frühesten Erscheinen eines Motivs zusammenzufallen braucht, ist erst die musikalisch-szenische Vergegenwärtigung.

Nicht, daß nicht manche musikalischen Motive bei ihrer Exposition ausschließlich durch Worte statt durch einen Vorgang begründet und verdeutlicht würden. Das Zaubermotiv – dessen Akkordfolge, als Ausdruck von Trug, an das Tarnhelmmotiv aus dem RING erinnert – und das Klingsormotiv – dessen dritter Takt den ersten des Zaubermotivs in Oktavbrechung reproduziert – sind im ersten Akt, in der Gurnemanz-Erzählung vom Zaubergarten, dessen Verlockungen Amfortas zum Opfer gefallen ist, nicht szenische, sondern lediglich epische Motive.

Entscheidend ist jedoch nicht, daß Ausnahmen von der Regel der musikalisch-szenischen Exposition vorkommen, sondern daß sie nicht die Regel bilden: Denn «eigentlich» ist die Exposition in PARSIFAL nichts als eine Erzählung; und der partielle Tableaucharakter der Szene ist um so bezeichnender für Wagners musikalisch-dramaturgische Tendenzen, als er einen Zusatz darstellt, statt zwingend aus den Voraussetzungen der Handlung hervorzugehen.

Der Tableaucharakter aber ist wiederum einem musikalischen Drama adäquat, das zum *Bühnenweihfestspiel* geworden ist. In dem zitierten Brief an Mathilde Wesendonck vom 23. Mai 1859 meinte Wagner zu Anfang: *Genau betrachtet ist Amfortas der Mittelpunkt und Hauptgegenstand.* Später – nach einem Exkurs über die Mängel der Wolframschen Dichtung, der die Mängel von Wagners Gefühl für die Gattungsprinzipien des Epos verrät – heißt es jedoch: *Und noch dazu hat's mit dem Parsifal eine Schwierigkeit mehr. Er ist unerläßlich nötig als der ersehnte Erlöser des Amfortas: soll Amfortas aber in das wahre, ihm gebührende Licht gestellt werden, so wird er von so ungeheuer tragischem Interesse, daß es fast mehr als schwer wird, ein zweites Hauptinteresse gegen ihn aufkommen zu lassen, und doch müßte dieses Hauptinteresse sich dem Parsifal zuwenden, wenn er nicht als kaltlassender Deus ex machina eben nur schließlich hinzutreten soll. Somit ist Parsifals Entwicklung, seine erhabenste Läuterung, wenn auch prädestiniert durch sein ganzes sinniges, tief mitleidsvolles Naturell, wieder in den Vordergrund zu stellen.* Ist Amfortas ein zweiter Tristan, also zum tragischen Helden eines Musikdramas kat'exochen vorbestimmt, so bedeutet der Übergang von Amfortas zu Parsifal als *Mittelpunkt und Hauptgegenstand* der Handlung dramaturgisch die Wandlung des Musikdramas zum *Bühnenweihfestpiel.*

4

Ist die Handlung des *Bühnenweihfestspiels* demnach durch die Nähe und Affinität zum Ritual und zum Tableau charakterisiert, so tendiert die Sprache zur Erzählung und zum Spruch. Die Gralschöre, deren Modell – auch musikalisch – die Liturgie ist, stellen ein szenisch-sprachliches Zeremoniell dar. Die Kulmination des Schlußaktes bildet ein magischer Spruch, durch den eine Verheißung erfüllt wird: *Die Wunde schließt der Speer nur, der sie schlug.* (Das Orakel ist, anders als im RING, keine Falle, sondern ein Gnadenzeichen.) Und sogar die Amfortas-Klagen im ersten und dritten Akt erscheinen, obwohl sie einerseits als Schmerzensausbrüche, einen äußersten Gegensatz zur Gravität der Gralschöre bilden, andererseits als Teile des Rituals: als wiederkehrender Vollzug nicht als unwiederholbare Situation. Amfortas leidet als einzelner und zugleich stellvertretend.

Mit dem Zug der Sprache zum Epischen und zum Zeremoniellen scheint die Verdrängung des Stabreims, der Alliteration, durch den Endreim zusammenzuhängen. (Der Stabreim ist zwar nicht, wie manchmal behauptet wurde, verschwunden, bildet aber eine Ausnahme von der Regel des Endreims.) Nach der Theorie, die Wagner in OPER UND DRAMA entwarf, ist der Stabreim sprachlicher Ausdruck von Emphase und zusammengedrängtem Gefühl, weil er dazu zwingt, Wörter und Silben, die einen Bedeutungsakzent tragen, in dichter Folge aneinanderzureihen. Dagegen wirke der Endreim distanzierend und formalisierend.

Die Rückwendung zum Endreim bedeutete jedoch nicht, daß die regelmäßige Periodik restauriert worden wäre. Die Länge der Zeilen – die Anzahl der Hebungen – ist vielmehr irregulär, und zwar mit fühlbarer Tendenz zum ständigen Wechsel, so daß die äußere Sprachform, nicht anders als im RING, die Entstehung einer schematischen musikalischen Syntax durchkreuzt. Die *Quadratur der Tonsatz-Konstruktion* ist in *musikalische Prosa* aufgelöst. Und das Rückgrat der musikalischen Form bildet nicht die Syntax, sondern der Motivzusammenhang, der sich als dichtes Netz über das ganze Drama erstreckt.

Die musikalische Motivik ist im PARSIFAL, um grob zu vereinfachen, durch den Gegensatz zwischen Chromatik und Diatonik bestimmt und geprägt: zwischen einer Chromatik, die sowohl den Trug der Klingsorsphäre als auch die Schmerzensakzente des Amfortas ausdrückt, und einer Diatonik, die von der naiven Simplizität des Parsifalmotivs bis zur Erhabenheit der Gralsthemen reicht. Chromatik und Diatonik haben, als musikalisch-technische Kategorien, zugleich expressiv-allegorische Bedeutung: Daß zwei Motive chromatisch sind – ein scheinbar nichtssagendes, weil zu allgemeines Merkmal –, wird zum Zeichen eines Zusammenhangs. Der Konnex zwischen Trug und Schmerz – zwischen Zaubergarten und Amfortas-Klage – ist ebenso unverkennbar, wie andererseits die Naivität des *reinen Toren* die erste Stufe eines Erkenntnisweges bezeichnet, an dessen Ende das Gralskönigtum steht. Darin aber, daß er den Differenzierungen und Verzweigungen der dramatischen Dialektik einen einfachen, sinnfälligen Gegensatz zugrunde legt, und zwar sowohl musikalisch als auch szenisch, bewährt sich Wagner als Genie des Theaters.

Die Extreme stehen jedoch nicht schroff und unvermittelt nebeneinander. Während der Entstehungszeit des PARSIFAL sprach Wagner, wie Glasenapp berichtet, «wiederholt davon, wie ungern er grelle Effekte habe, wie er immer zu vermitteln suche, um sie verständlich zu machen, sie nicht als Schroffheiten wirken zu lassen». Verständlich war für Wagner ausschließlich das Motivierte und Begründete, das also, was aus Früherem nachvollziehbar hervorgeht. Auch PARSIFAL ist, nicht anders als TRISTAN, durch die Wagnersche *Kunst des Überganges* bestimmt, die allerdings nicht die Kunst wäre, die sie ist, wenn sie sich nicht gegen den Widerstand durchzusetzen hätte, den die extremen Kontraste in der Charakteristik der Themen und Motive bedeuten.

Die Klage, in der sich im zweiten Akt Parsifals *Welt-Hellsicht* nach Kundrys Kuß ausdrückt, ist formal in drei Perioden gegliedert. Die erste (*Amfortas*) und die zweite (*Nein! Nein! Nicht die Wunde ist es*) sind durch chromatische Motive, das Klage- und das Zaubermotiv, bestimmt und charakterisiert, die dritte (*Es starrt der Blick*) durch Zitate von Gralsmotiven, die jedoch nicht einen schroffen, sondern einen vermittelten Kontrast bilden. Die diatonischen Gralsmotive werden nämlich, ähnlich wie in der Amfortas-Klage des ersten Aktes, in die musikalische Gegensphäre, die Chromatik, hineingezogen: Sie erscheinen zunächst in chromatischer Verzerrung, getrübt durch die Harmonik des Amfortas- oder des Zauber- und des Klingsormotivs, dann in der Mollvariante, also in geringerem, schwächerem Maße modifiziert. (Moll wirkt, wenn ein Thema oder Motiv von Dur in das Moll der gleichen Stufe versetzt wird, als chromatische Trübung des Dur, so daß in der Parsifal-Klage das Moll des Abendmahlthemas in den Bereich der Chromatik gehört.)

5

Sagte ich Ihnen schon einmal, schrieb Wagner Anfang August 1860 an Mathilde Wesendonck, *daß die fabelhaft wilde Gralsbotin ein und dasselbe Wesen mit dem verführerischen Weibe des zweiten Aktes sein soll? Seitdem mir dies aufgegangen, ist mir fast alles an diesem Stoffe klar geworden.* Kundry, Dienerin des Grals, *Höllenrose* und büßende Magdalena, ist die komplizierteste und widerspruchsvollste Gestalt in Wagners Dramen, eine Gestalt, die zu psychoanalytischer Deutung herausfordert. Sie ist die Orgeluse des Wolframschen Epos, aber auch die Herodias der christlichen Legende, die Versucherin Johannes des Täufers, und sie gleicht Ahasver, der den leidenden Christus verhöhnte und dazu verurteilt ist, auf der Suche nach Verzeihung endlos umherzuirren. Dem Bereich der Oper, des einfachen Affektausdrucks, ist Kundry weit entrückt; und Wagner entschloß sich, wie der Brief an Mathilde Wesendonck verrät, zur Komposition des PARSIFAL nicht ohne Zögern: *Auch möchte ich's einmal bei der Dichtung allein bewenden lassen.*

Musik ist, nach Schopenhauer, der damit die communis opinio von Jahrhunderten aussprach, eine Kunst der Darstellung ungebrochener, ungemischter Gefühle, der Affekte in abstracto, losgelöst von der Verflechtung in die Realität, der sie ihre Differenzierung verdanken. Negation und Dialektik, Ambiguität und Paradoxie sind ihr, solange es sich um Musik für sich und nicht im Verhältnis zu einem Text oder einer Szene handelt, fremd. Und es ist begreiflich, daß Wagner – dem der Brechtsche Gedanke, Musik als Kontrast zu Text und Szene, als Einspruch oder Denunziation, zu verwenden, ein Greuel gewesen wäre – vor der Komposition der Kundryszenen, deren charakteristischer Zug das sublime Paradox ist, zurückscheute, bis er erkannte, daß die Leitmotivtechnik ein Mittel ist, um der Musik einen Bereich zu erschließen, der ihr sonst unzugänglich bleibt. Leitmotive sind, sobald sie deutlich genug exponiert wurden, musikalische Metaphern, die dadurch, daß sie ineinander übergehen, sich verschränken oder aufeinander anspielen, den Ausdruck von Zerspaltenheit oder Ambiguität möglich machen, der sonst der Musik verschlossen ist.

Die Dialektik, mit der sich Kundry, als Parsifal sie zurückstößt, als Versucherin im Geiste präsentiert, ist so schwer zu entwirren, daß es kaum vorstellbar ist, wie sich die Musik auf sie einzulassen vermag, statt mit kantablen Phrasen über sie hinwegzugehen. Kundry sucht Erlösung, aber in der Umarmung Parsifals, durch die sie sich von der Erlösung gerade ausschlösse; sie erinnert an den Fluch, der sie wie Ahasver umhertreibt, um ein Mitleid zu erregen, das ein Mittel der Versuchung ist; sie ersehnt die Verzeihung Christi, dessen Qual sie verlachte, doch trübt und verzerrt sich ihr das Bild der Versöhnung, das sie vor sich sieht, zur schwarzen Messe.

Wagners Kunst, Zwiespältiges auszudrücken, das sich der Musik zu entziehen scheint, fällt zusammen mit der Kunst, in einer *unendlichen Melodie*, die für flüchtige Hörer ins Amorphe zerfließt, Form – also Gliederung und Konnex – herzustellen. Und die Analyse der Form ist von der des expressiven oder allegorischen Gehalts nicht zu trennen. – Kundrys Antwort auf Parsifals Weigerung (*Grausamer*) ist in sieben Perioden gegliedert. Die ersten vier umfassen 17+13+20+22 Takte. Die Perioden heben sich einerseits durch sprachlich-syntaktische und musikalisch-formale Zäsuren sowie durch charakteristische, unterscheidende Orchestermotive voneinander ab. Andererseits sind sie durch ein wiederkehrendes, übergreifendes Motiv, das Kundrymotiv, miteinander verklammert; und zwar bildet das Kundrymotiv den Übergang zwischen erster und zweiter sowie zwischen zweiter und dritter Periode und erscheint in der vierten Periode als Nebenmotiv. Die Verklammerung ist jedoch nicht das einzige Mittel, um die Perioden – als Teile einer musikalisch-rhetorischen Form – miteinander zu verbinden. Sind einerseits, wie erwähnt, die Perioden durch Motivwechsel – genauer: durch einen Wechsel des Hauptmotivs – voneinander unterschieden, so sind andererseits die Periodenmotive, ohne daß die Differenzen zwischen ihnen aufgehoben oder verwischt würden, eng aufeinander bezogen. Das Sehnsuchtsmotiv der ersten Periode (*Bist du Erlöser*), eine (in der Harmonik modifizierte) Wiederkehr des TRISTAN-Anfangs, ist nichts anderes als eine Inversion des Leidensmotivs der zweiten Periode (*des Heilands*), und die Umkehrung bedeutet formal zugleich Ableitung und Kontrast, Verknüpfung und Unterscheidung.

Die Erkennbarkeit der Inversion ist in der Erwartung einer motivischen Verknüpfung begründet (also in einem Formgefühl, das sich dem Strom der *unendlichen Melodie* nicht reflexionslos überläßt) und umgekehrt die motivische Verknüpfung – der formale Zusammenhang zwischen den Perioden – in der Sinnfälligkeit der Inversion. Andererseits ist der formale Konnex ein Mittel, um den expressiv-allegorischen Gehalt der Motive zu verdeutlichen oder aus der Latenz herauszutreiben. Als Umkehrung des Leidensmotivs, das die Qual Christi und die des Amfortas in abgründig paradoxer musikalischer Metaphorik ineins faßt (der Zusammenhang ist in Parsifals Klage nach Kundrys Kuß deutlich geworden), ist Kundrys Sehnsuchtsmotiv – in analoger Zwiespältigkeit – Ausdruck eines Erlösungsverlangens, das sich in den Gegensatz seiner selbst verstrickt.

Das Motiv der dritten Periode, eine hybride Motivmischung, erfüllt formal die Funktion, zwischen dem Leidens- und Sehnsuchtsmotiv und dem Abendmahlsthema als Hauptmotiv der vierten Periode zu vermitteln.

Das Motiv (*durch Tod und Leben*), Ausdruck von Kundrys Unruhe, Erlösungssehnsucht und Verstrickung zugleich, stellt in der Verschränkung von Heterogenem ein Extrem dar – um pedantisch zu analysieren: die Töne 1–5 sind ein Fragment des Zaubermotivs, 3–8 des Rittmotivs und 3–6 des Sehnsuchtsmotivs. Außerdem gehen in der vierten Periode (nach *sein Blick*) das Zauber- und das Abendmahlsmotiv ineinander über.

Die Harmonik stammt aus dem Zauber-, die Rhythmik aus dem Abendmahlsmotiv, und die Melodik vermittelt zwischen den beiden Motiven, die entgegengesetzte musikalisch-dramatische Sphären repräsentieren.

Wagner, der sich in einem Brief an Mathilde Wesendonck der *Kunst des Überganges* als seiner *feinsten und tiefsten Kunst* rühmte, hätte dasselbe von der Kunst der Ambiguität und der paradoxen Verschränkung sagen können, die er für die Musik entdeckte.

Das Werk auf der Bühne

1

Kaum ein Satz von Wagner ist so grob mißverstanden worden wie die tragende These des Buches OPER UND DRAMA, die Formel, daß im musikalischen Drama, dem Widerpart zur heruntergekommenen Oper, die Musik *ein Mittel des Ausdruckes* und das Drama *der Zweck des Ausdruckes* sei. Um sich von dem Drama, als dessen Funktion die Musik gelten sollte, eine greifbare Vorstellung zu machen, neigte man dazu, Drama und Text gleichzusetzen und sich als Wagnerianer zu fühlen, wenn man die Operngeschichte unter dem Gesichtspunkt untersuchte, ob der Text oder die Musik, das *Wort* oder der *Ton*, um mit Wagner zu sprechen, in einem Werk vorherrsche.

In Wagners Konzeption des musikalischen Dramas ist jedoch auch der Text, nicht anders als die Musik, ein bloßes *Mittel des Ausdruckes*. Die Frage, ob die Dichtung der Musik oder die Musik der Dichtung untergeordnet sei, ist also, wenn nicht irrelevant, so doch sekundär; sie verfehlt das entscheidende Moment, daß sowohl der Text als auch die Musik Funktionen des Dramas sind. Was aber ist das Drama, dem Wagner sämtliche Künste zu unterwerfen suchte? Primär die sichtbare Handlung, die szenische Aktion, begriffen als Darstellung unverzerrter *menschlicher Natur. Wir wissen,* schrieb Wagner 1870 in seiner Beethoven-Abhandlung, *daß nicht die Verse des Textdichters, und wären es die Goethes und Schillers, die Musik bestimmen können; dies vermag allein das Drama, und zwar nicht das dramatische Gedicht, sondern das wirklich vor unseren Augen sich bewegende Drama, als sichtbar gewordenes Gegenbild der Musik, wo dann das Wort und die Rede einzig der Handlung, nicht aber dem dichterischen Gedanken mehr angehören.* (Mit dem *dichterischen Gedanken* meint Wagner die *Absicht* des Dramatikers, die in der sichtbaren Handlung verwirklicht und darum als Absicht aufgehoben ist.) Die Nähe zur Opernästhetik Verdis, des verachteten Antipoden, ist auffällig; auch Verdi betonte die «parola scenica», den Aktionscharakter der Sprache als eines Teilmoments der Handlung; der dichterische Rang der Verse erschien ihm als sekundär.

Die zentrale Kategorie in Wagners Ästhetik des musikalischen Dramas ist *Verwirklichung.* Wagner betont – kaum anders als Hegel, unter dessen Einfluß er aufgewachsen ist –, daß sich das Innere entäußern, daß es Gestalt annehmen müsse, um nicht nichtig zu sein. Entscheidend ist nicht die dichterische Absicht, die im Inneren eines Werkes verschlossne Bedeutung, sondern die Realisierung des Intendierten, die Sinnfälligkeit, mit der es erscheint. Der Tanz, die Darstellung des wirklichen, leibhaften Menschen, wurde von Wagner als *realste aller Kunstarten* gerühmt. Und in der szenischen Aktion sah Wagner nichts anderes als eine differenzierte, *idealische Form des Tanzes*, so daß das Lob, eine realisierende Kunst – und das bedeutete für Wagner: die eigentliche Kunst – zu sein, auf die szenische Bewegung und Gebärde zu übertragen wäre. Das Drama, wie es Wagner vorschwebte, erfüllt sich in der szenischen Aktion, in der auch Sprache und Musik einen agierenden, gestischen Charakter erhalten. *Genau betrachtet*, schrieb Wagner 1872 in dem Aufsatz Über Schauspieler und Sänger, *müssen wir hieraus erkennen, daß der eigentliche Kunstanteil bei Theateraufführungen den Darstellern zugesprochen werden muß, während der Verfasser des Stückes zu der eigentlichen ‹Kunst› nur soweit mit in Beziehung steht, als er die von ihm im voraus berechnete Wirkung der mimischen Darstellung für die Gestalt seines Gedichtes vor allen Dingen verwertet hat.* Die Inszenierung, die szenische Verwirklichung, erscheint demnach als Abschluß und Vollendung des musikalischen Dramas, nicht als bloße Darstellung eines Werkes, das als sprachlicher und musikalischer Text bereits «Werk», in sich beruhendes Gebilde, wäre. Und die Inszenierungsgeschichte ist Werkgeschichte, Geschichte des sich verändernden Werkes.

2

Die Bayreuther Tradition, deren Hüter Cosima und später Siegfried Wagner waren, kann als Versuch verstanden werden, die Geschichte und deren verändernde Wirkung vom *Bühnenfestspiel* und *Bühnenweihfestspiel* fernzuhalten. Die Starrheit, mit der sich Cosima Wagner neuen Gedanken, etwa den Inszenierungsideen Adolphe Appias, verschloß, mag verstockt erscheinen, war aber nicht so gedankenlos und unmotiviert, wie sie einer späteren Generation erscheint, der ein Theater der permanenten Revolution vorschwebt. Solange man – nach dem Leib-Seele-Schema, von dem die Ästhetik des 19. Jahrhunderts beherrscht wurde – eine Inszenierung als bloße Hülle und Außenseite eines Dramas versteht, bedeutet die Inszenierungsgeschichte nichts als einen Wechsel der Erscheinungsformen, in denen sich ein Werk präsentiert, ohne daß es in seiner Identität und Substanz angetastet würde; die Seele bleibt unversehrt. Erkennt man aber die Inszenierung als Teil des Werkes selbst, als dessen Abschluß und Vollendung, so ist man gezwungen, sich entweder den Gedanken der geschichtlichen Veränderlichkeit von Kunstwerken zu eigen zu machen – einen Gedanken, den zu akzeptieren oder auch nur zu fassen schwerfällt, weil er der fest eingewurzelten Vorstellung widerspricht, daß es zur Größe eines Kunstwerks gehöre, der Geschichte enthoben zu sein – oder aber einem starren Traditionalismus zu verfallen, der die Geschichte leugnet oder sich ihr widersetzt und zusammen mit dem Werk auch dessen Inszenierung – die Inszenierungsprinzipien und manchmal sogar die Einzelheiten – vor einem Wandel zu bewahren sucht, der ein Wandel des Wesens und nicht nur der Erscheinungsform wäre. Die ästhetische Maxime, daß der Buchstabe eines Kunstwerks nicht angetastet werden dürfe, wenn nicht zugleich der Geist verletzt werden soll, wurde in der Bayreuther Überlieferung des musikalischen Dramas vom sprachlichen und musikalischen Text auf die Inszenierung übertragen.

Paradigma des Bayreuther Stils – eines Stils, der so fest umrissen war, daß seine Prinzipien als Lehrsätze dem Unterricht in einer «Stilbildungsschule» zugrunde gelegt werden konnten – war weniger die RING-Aufführung von 1876, die nicht bruchlos gelang, als die PARSIFAL-Inszenierung von 1882, das Testament des Regisseurs Wagner. Das Eingreifen Cosima Wagners begann mit dem Bayreuther TRISTAN von 1886 und den MEISTERSINGERN von 1888, deren Inszenierung sich jedoch auf Wagners eigene von 1868 stützte. Der Bayreuther Stil, wie ihn Cosima Wagner verstand – er ist charakterisiert durch langsame Zeitmaße, emphatisch prononcierte Textaussprache und eine Gestik, die einerseits, im Gegensatz zum Opernpathos, Andeutung bleiben sollte, andererseits aber zur Pedanterie bei der Verdeutlichung musikalischer Motive tendierte –, bedeutete eine Kanonisierung des von Wagner Vorgezeichneten; und man kann, je nach apologetischer oder polemischer Neigung, entweder die Authentizität oder aber die Dogmatisierung hervorkehren.

An den Bayreuther Inszenierungen des TANNHÄUSER 1891, des LOHENGRIN 1894 und des FLIEGENDEN HOLLÄNDER 1901 entzündete sich der Dogmenstreit, ob die frühen Werke «romantische Opern» oder «Musikdramen» seien. Die Bayreuther These, daß Wagners Werk seit dem FLIEGENDEN HOLLÄNDER aus einer einheitlichen Konzeption, der des Musikdramas, hervorgegangen sei, stützte sich zunächst auf Wagners fragwürdige Selbstinterpretation in der MITTEILUNG AN MEINE FREUNDE.

Dennoch ist sie nicht einfach verfehlt, wenn auch die Begründung – die Berufung auf die Einheit des Gesamtwerkes und die Verleugnung von dessen innerer Geschichte – brüchig erscheint. Unleugbar ist es nämlich möglich, die Opernmerkmale des FLIEGENDEN HOLLÄNDER, die 1841, als das Werk entstand, Relikte der Tradition waren, umzudeuten und sie mit verändertem Sinn in eine «musikdramatische» Inszenierungsidee einzubeziehen. Die Arienmelodik Dalands und Eriks erscheint dann nicht mehr als Rest von Konvention und als Zugeständnis an ein kantilenensüchtiges Publikum, sondern als Ausdruck der Banalität, durch welche die prosaische «Außenwelt», die Daland und Erik repräsentieren, absticht von der mythischen «inneren Handlung», die sich in Senta und dem Holländer vollzieht und deren musikalische Sprache von den Opernphrasen emanzipiert ist. Die Deutung des Werkes als Musikdrama – die den Fliegenden Holländer besser zu verstehen glaubt, als er gemeint war – setzt jedoch voraus, daß man sich den Gedanken der geschichtlichen Veränderlichkeit von Kunstwerken zu eigen macht – den Gedanken also, dem sich der Bayreuther Traditionalismus gerade entzog und widersetzte.

3

Der Streit um die Inszenierungen, mit denen sich Wieland Wagner seit 1951 der Bayreuther Tradition entgegensetzte, ist nahezu verstummt; und das Resultat ist unmißverständlich. Niemand mag an der Bedeutung Wieland Wagners zweifeln, niemand andererseits den Rigorismus, in den er sich vorwagte, zum Dogma erheben. Die Nachahmungen, an denen es nicht mangelt, sind halbe Widerrufe.

So vergeblich und nutzlos der Versuch wäre, in einigen Sätzen die Inszenierungen Wieland Wagners, die ein work in progress waren, zu charakterisieren – Ausgangspunkte waren eine unverwechselbare Bildkonzeption und eine tiefenpsychologische Deutung der Mythen –, so unumgänglich erscheinen wenige Worte über den fundamentalen Vorwurf, der gegen Wieland Wagner erhoben wurde: den Vorwurf, daß er sich über das, was unzweideutig in den Partituren stehe, rücksichtslos hinweggesetzt habe.

Er ist triftig und untriftig zugleich: triftig, weil Wieland Wagner unleugbar die «mitkomponierte Inszenierung» als tote Vergangenheit, die zu restaurieren widersinnig wäre, abgetan hat; untriftig, weil hartnäckige Treue zu den Inszenierungsideen, die in der Musik enthalten sind, fragwürdiger Traditionalismus wäre.

Der Gedanke des Gesamtkunstwerks, die Integration eines bestimmten Theaterstils in das musikalische Drama, eines Theaterstils, der somit einen Teil des Werkes und nicht nur der Aufführung bildet, krankt an Blindheit gegenüber dem Sachverhalt, daß nicht sämtliche

Künste Werkcharakter haben. Die szenische Darstellung, die Gestik, ist – obwohl sie von Wagner «mitkomponiert» wurde – nicht im gleichen Maße Werk oder Teilmoment eines Werkes wie die Musik oder die Sprache. Und daß sie es nicht ist, bedeutet, daß sie die Zeit der Entstehung des Werkes nicht ohne Substanzverlust zu überdauern vermag. Charakteristisch ist das Verhältnis der verschiedenen Künste zur Schrift. Nicht, daß es an Versuchen mangelte, eine szenische Darstellung, etwa eine Choreographie, aufzuzeichnen. Aber die choreographische Schrift ist, im Unterschied zur Sprach- und zur musikalischen Schrift, kein Text im emphatischen Sinne, der ein Werk in sich schließt und aufbewahrt, sondern nichts als eine Anweisung, eine Choreographie zu realisieren, während die Notenschrift zugleich Text und Anweisung ist. Fehlt aber der szenischen Darstellung der Werkcharakter, so geht das Postulat der «Werktreue» ins Leere; die von Wagner «mitkomponierten» Gesten und szenischen Vorgänge sind Petrefakte eines Inszenierungsstils, der abgestorben ist.

Ist demnach die Idee eines Gestamtkunstwerks, das die Inszenierung als Teil des Werkes einschließt, ästhetisch brüchig, so wäre andererseits zu fragen, ob in der Wirkungsgeschichte der Wagnerschen Musikdramen die Musik als Werk und die Inszenierung als Aufführungspraxis notwendig immer weiter auseinanderstreben – die Diskrepanz ist Wieland Wagner zum Vorwurf gemacht worden, als habe er sie bewirkt – oder ob die musikalische Rezeption auch geschichtliche Veränderungen erkennen läßt, durch die sich die Kluft zwischen Musik und Inszenierung verringert.

Wagners Musik ist in den ersten Jahrzehnten – die «Leitfäden» Hans von Wolzogens verraten es ebenso wie Witze Shaws und Debussys – primär als Ansammlung von Leitmotiven gehört worden, die gleich allegorischen Bildchen auf ihr Stichwort erscheinen. Der illustrative, kommentierende Charakter der Motive wurde akzentuiert, das syntaktisch-formale Moment, die Verknüpfung der Motive zu einem «symphonischen Gewebe», vernachlässigt. Man nahm das Ganze vage als Strom von Musik, das Einzelne isoliert in seinem dichterisch-szenischen Bezug wahr. In den letzten Jahrzehnten aber ist das musikalische Hören abstrakter geworden und orientiert sich primär am Modell der Instrumental-, nicht der Vokalmusik. (Der Vorgang zeigt sich drastisch an der Programmusik, für deren Rezeptionsgeschichte das Gleichgültig-Werden des Programms, also die Verwandlung von Programmusik in absolute Musik, charakteristisch ist; und daß ein Stück Programmusik dem Zerfall des Programms standhält, eines Programms, das ursprünglich einen Teil des Werkes selbst und nicht etwa einen kommentierenden Zusatz bildete, ist nicht die schlechteste Probe auf seine musikalisch-formale Konsistenz.) Im gleichen Maße aber, in dem sich das Hören «formalisiert», kann sich die Inszenierung eines musikalischen Dramas über «mitkomponierte» gestisch-szenische Momente hinwegsetzen, ohne daß der Sinn der Musik – ein Sinn, der in einer Relation besteht: zunächst einer musikalisch-szenischen, dann einer innermusikalisch-formalen – aufgehoben wäre. Der Zug zur Abstraktion, der für die Inszenierungen Wieland Wagners bezeichnend ist, läßt sich gleichzeitig an der Entwicklung der musikalischen Rezeption beobachten.

4

Daß die Bayreuther RING-Inszenierung Patrice Chéreaus (1976–1982) zunächst einen Skandal provozierte und schließlich zu einem Triumph wurde, entspricht einem Cliché der Wirkungsgeschichte, dürfte aber zugleich in einer Eigentümlichkeit des Regiestils begründet sein, die zu einer paradoxen Rezeption – gleichsam einer Rezeption mit vertauschten Fronten – führte.

Zu den Regiegedanken, die Entrüstung auslösten, gehörte der manifeste Widerspruch, daß Wotan in der WALKÜRE, obwohl mit einem Speer ausgerüstet, das Kleidungsstück trug, das man im 19. Jahrhundert «Bratenrock» nannte. Was Chéreau zeigen wollte, war unverkennbar: Durch das anachronistische Kostüm wurde das Werk partiell aus der Zeit seiner Handlung in die Zeit seiner Entstehung versetzt: partiell, weil die innere Nähe zum Dramentypus Henrik Ibsens nur für manche Teile – wie die Auseinandersetzung Wotans mit Fricka im zweiten Akt der WALKÜRE – so charakteristisch ist, daß sie eine szenische Verdeutlichung oder Pointierung zuläßt.

Die Affinität zu Ibsen, die unter der germanisch-mythologischen Verkleidung durchscheint, ist allerdings von der Minorität des Publikums, der Chéreaus Inszenierung einleuchtete, immer schon empfunden worden: Man applaudierte dem, was man längst wußte, so wie die Gegenpartei dort protestierte, wo sie das eigentlich Offenkundige nicht wissen wollte, um in dem Wachtraum von mythischer Ferne nicht durch Gedanken an bürgerliche Probleme des neunzehnten Jahrhunderts, die noch keineswegs der Vergangenheit angehören, gestört zu werden. Der primäre Adressat des Neuen war jedenfalls die Majorität, die sich – einstweilen – dagegen empörte. Und daß sie sich später, wenn auch zögernd, vom Wahrheitsgehalt der Chéreau-Inszenierung überzeugen ließ, war, wie es scheint, in der Aneignung veränderter Vorstellungen von der Zeitstruktur des Theaters begründet.

Dem «Regietheater», als dessen Repräsentanten man Chéreau ansah, ist eine hemmungslose Aktualisierung dramatischer Werke zum Vorwurf gemacht worden. Charakteristischer als die Preisgabe vergangenen Geistes um der Wirkung in der Gegenwart willen ist jedoch die Tendenz, die «drei Zeiten» eines Dramas – die Handlungs-, die Entstehungs- und die Aufführungszeit – sämtlich als ästhetisch substanziell – als Strukturmomente des Werkes wie der Inszenierung – aufzufassen. Die Entstehungszeit soll nicht als ein dem Drama äußerliches, szenographisch gleichgültiges Faktum, sondern als Wesensmerkmal gelten, das auch in der Bühnenform sinnfällig gemacht werden muß, statt nur im Text und in der Musik präsent zu sein.

Ob die Lösung, zwischen den Zeiten in ein und derselben Inszenierung zu wechseln – je nach dem Charakter der einzelnen Szenen –, immer, manchmal oder niemals adäquat ist, mag zweifelhaft sein und wird umstritten bleiben. Das Problem aber, das von den Repräsentanten des «Regietheaters» entdeckt worden ist, läßt sich nicht mehr verleugnen: Die Naivität, reflexionslos die Handlungszeit eines Dramas für «die» Zeit zu halten, «in der es spielt», ist uns abhanden gekommen.

Daten zu Leben und Werk

1813

Am 22. Mai wird Richard Wagner in Leipzig geboren. Der Vater, Carl Friedrich Wilhelm Wagner, stirbt im November desselben Jahres.

1822

Wagner besucht die Kreuzschule in Dresden. *1828* wechselt er in das Leipziger Nicolai-Gymnasium, *1830* in die Thomasschule über.

1831

Im Herbst wird Wagner für ein halbes Jahr Schüler des Thomaskantors Theodor Weinlig. Im Frühjahr *1832* erscheint eine Klaviersonate von Wagner im Druck.

1832

Im November und Dezember entstehen die Dichtung und die Kompositionsskizze des Anfangs einer Oper DIE HOCHZEIT, die Fragment blieb.

1833

Wagner komponiert die Märchenoper DIE FEEN (nach Gozzis «La donna serpente»), deren Partitur er am 6. Januar 1834 abschließt.

1834

Im Sommer entsteht der Prosaentwurf, im Herbst die Dichtung einer zweiten Oper, DAS LIEBESVERBOT (nach Shakespeares «Maß für Maß»). Im Oktober wird Wagner Kapellmeister am Magdeburger Theater.

1835

Wagner komponiert DAS LIEBESVERBOT.

1836

Am 29. März wird DAS LIEBESVERBOT am Magdeburger Theater aufgeführt (eine zweite Aufführung erfolgt erst 1983 an der Staatsoper München). Am 24. November heiratet Wagner Minna Planer.

1837

Am 1. April wird Wagner Musikdirektor am Königsberger Theater, das er im August mit dem Theater in Riga vertauscht. Im Juli zeichnet er den Prosaentwurf zu RIENZI (nach Bulwers Roman) auf.

1838

Im Januar vollendet Wagner die Dichtung zu RIENZI; im August beginnt er mit der Komposition.

1839

Im Juli flieht Wagner aus Riga; nach einer unruhigen Seereise, die als Anregung zum FLIEGENDEN HOLLÄNDER berühmt wurde, erreicht er im August England; im September läßt er sich in Paris nieder.

1840

Im November vollendet Wagner die Partitur des RIENZI. Meyerbeer empfiehlt das Werk zur Aufführung in Dresden.

1841

Im Mai entsteht die Dichtung, zwischen Juli und November die Komposition des FLIEGENDEN HOLLÄNDER.

1842

Im April verläßt Wagner Paris, um nach Dresden überzusiedeln. Am 20. Oktober wird RIENZI am Dresdener Hoftheater uraufgeführt.

1843

Am 2. Januar wird DER FLIEGENDE HOLLÄNDER in Dresden uraufgeführt; am 2. Februar wird Wagner Sächsischer Hofkapellmeister. Im März entsteht die Dichtung zu TANNHÄUSER; im Juli beginnt Wagner mit der Komposition.

1844

Wagner komponiert TANNHÄUSER, dessen Partitur er im April 1845 abschließt.

1845

Im Juli entsteht der erste Prosaentwurf zu den MEISTERSINGERN VON NÜRNBERG (der erst nach Jahrzehnten wieder aufgegriffen wurde). Am 19. Oktober wird TANNHÄUSER am Dresdener Hoftheater uraufgeführt. Im November vollendet Wagner die Dichtung zu LOHENGRIN.

1846/47

Wagner komponiert LOHENGRIN; die Partitur ist im April 1848 abgeschlossen.

1848

Im Oktober entsteht der Prosaentwurf, im November die Dichtung zu SIEGFRIEDS TOD (der Vorform der GÖTTERDÄMMERUNG).

1849

Im Mai nimmt Wagner am Dresdener Aufstand teil und muß, nach dessen Niederwerfung, aus Deutschland fliehen. Er läßt sich, nach einem vergeblichen Versuch, sich in Paris zu etablieren, in Zürich nieder. Im November schließt er die Reformschrift DAS KUNSTWERK DER ZUKUNFT ab.

1850

Am 28. August wird LOHENGRIN in Weimar uraufgeführt.

1851

Im Januar vollendet Wagner die Abhandlung OPER UND DRAMA. Im Mai und Juni entsteht die Dichtung des JUNGEN SIEGFRIED (der Vorform zu SIEGFRIED), im Juli und August die autobiographische Skizze EINE MITTEILUNG AN MEINE FREUNDE, im November eine erste Prosaskizze zu der Dichtung des RHEINGOLD und der WALKÜRE.

1852

Im Februar lernt Wagner Otto und Mathilde Wesendonck kennen. Im Mai entsteht der zweite Prosaentwurf, im Juni und Juli die Dichtung der WALKÜRE, zwischen September und November die Dichtung des RHEINGOLD.

1853

Im September konzipiert Wagner in La Spezia das Orchestervorspiel zu RHEINGOLD.

1854

Im Mai schließt Wagner die Partitur des RHEINGOLD ab, im Juni beginnt er mit der Komposition der WALKÜRE. Im Herbst liest er, angeregt durch Herwegh, Schopenhauers «Welt als Wille und Vorstellung».

1855

Wagner arbeitet an der WALKÜRE, deren Partitur er im März 1856 vollendet.

1856

Im September beginnt Wagner mit der Komposition des SIEGFRIED.

1857

Im August unterbricht Wagner am Ende des zweiten Aktes die Komposition des SIEGFRIED und skizziert die Handlung von TRISTAN UND ISOLDE; im September schreibt er die TRISTAN-Dichtung nieder und beginnt im Oktober mit der Komposition.

1858

Wagner verläßt, nach einer Verwirrung der Gefühle zwischen ihm, Mathilde Wesendonck und Minna Wagner, Zürich und reist nach Venedig, wo der zweite Akt des TRISTAN entsteht.

1859

Im März siedelt Wagner nach Luzern über; im August vollendet er die Partitur von TRISTAN UND ISOLDE. Im September reist er nach Paris, um die TANNHÄUSER-Aufführung vorzubereiten.

1860

Im Herbst entstehen die neu komponierten Teile der Pariser TANNHÄUSER-Fassung.

1861

Die TANNHÄUSER-Aufführung vom 13. März in der Grand Opéra endet mit einem Skandal. Im November entsteht (in Paris) der zweite Prosaentwurf zu den MEISTERSINGERN.

1862

Im Januar schreibt Wagner die MEISTERSINGER-Dichtung nieder und beginnt im März mit der Komposition. Im Februar siedelt er nach Biebrich über.

1863

Wagner führt, in finanzieller Bedrängnis, ein unruhiges Reiseleben.

1864

Im Mai wird Wagner von König Ludwig II. nach München berufen.

1865

Am 10. Juni wird TRISTAN UND ISOLDE in München uraufgeführt. Im August entsteht die erste Prosaskizze des PARSIFAL-Textes. Im Dezember muß Wagner Bayern verlassen.

1866

Im Januar stirbt Minna Wagner. Im April läßt sich Wagner in Tribschen bei Luzern nieder.

1867

Im Oktober vollendet Wagner die Partitur der MEISTERSINGER.

1868

Am 21. Juni werden DIE MEISTERSINGER VON NÜRNBERG in München uraufgeführt. Im November lernt Wagner Nietzsche kennen.

1869
Im März nimmt Wagner, nach zwölfjähriger Unterbrechung, die Komposition des SIEGFRIED wieder auf. Am 22. September wird DAS RHEINGOLD in München uraufgeführt. Im Herbst vollendet Wagner die Partitur des SIEGFRIED, im Oktober beginnt er mit der Komposition der GÖTTERDÄMMERUNG.

1870
Am 26. Juni wird DIE WALKÜRE in München uraufgeführt. Im August heiratet Wagner Cosima von Bülow, die im Juli von Hans von Bülow geschieden worden war.

1872
Im April siedelt Wagner von Tribschen nach Bayreuth über, am 22. Mai legt er den Grundstein zum Bayreuther Festspielhaus.

1874
Im April bezieht Wagner das «Haus Wahnfried» in Bayreuth; am 21. November vollendet er die Partitur der GÖTTERDÄMMERUNG.

1876
Am 13., 14., 16. und 17. August werden die vier Teile der RING-Tetralogie zum erstenmal im Bayreuther Festspielhaus aufgeführt.

1877
Im Februar entsteht der zweite Prosaentwurf, im März und April die Dichtung zu PARSIFAL. Im September beginnt Wagner mit der Komposition.

1882
Im Januar schließt Wagner die Partitur des PARSIFAL ab. Am 26. Juli wird das *Bühnenweihfestspiel* in Bayreuth uraufgeführt. Im September reist Wagner nach Venedig.

1883
Am 13. Februar stirbt Wagner im Palazzo Vendramin in Venedig.

1869

Im März nimmt Wagner, nach zwölfjähriger Unterbrechung, die Komposition des SIEGFRIED wieder auf. Am 22. September wird DAS RHEINGOLD in München uraufgeführt. Im Herbst vollendet Wagner die Partitur des SIEGFRIED, im Oktober beginnt er mit der Komposition der GÖTTERDÄMMERUNG.

1870

Am 26. Juni wird DIE WALKÜRE in München uraufgeführt. Im August heiratet Wagner Cosima von Bülow, die im Juli von Hans von Bülow geschieden worden war.

1872

Im April siedelt Wagner von Tribschen nach Bayreuth über, am 22. Mai legt er den Grundstein zum Bayreuther Festspielhaus.

1874

Im April bezieht Wagner das «Haus Wahnfried» in Bayreuth; am 21. November vollendet er die Partitur der GÖTTERDÄMMERUNG.

1876

Am 13., 14., 16. und 17. August werden die vier Teile der RING-Tetralogie zum erstenmal im Bayreuther Festspielhaus aufgeführt.

1877

Im Februar entsteht der zweite Prosaentwurf, im März und April die Dichtung zu PARSIFAL. Im September beginnt Wagner mit der Komposition.

1882

Im Januar schließt Wagner die Partitur des PARSIFAL ab. Am 26. Juli wird das *Bühnenweihfestspiel* in Bayreuth uraufgeführt. Im September reist Wagner nach Venedig.

1883

Am 13. Februar stirbt Wagner im Palazzo Vendramin in Venedig.